»Practice, practice, practice, and all is coming!«
Pattabhi Jois

ECO FIT

Daniela Zeller

REDEN. BEWEGEN. WIRKEN.

Rhetorik- und Stimmtraining für jeden Redetyp

Mit 37 Sprechübungen für unterwegs und zwischendurch

ECO FIT

Impressum

Ecofit Verlag
Obkirchergasse 21/7 | A-1190 Wien
www.ecofit.eu

Redaktion: Katharina Schmidt-Chiari

Satz und Illustrationen: Tobias Thaler

Lektorat: Cornelia Ullmann

Coverfoto: Thomas Wunderlich

Druck: Walla Druck | A-1050 Wien

ISBN: 978-3-9502811-1-8

Die Texte in diesem Buch sind allgemein formuliert und gelten für Frauen und Männer gleichermaßen. Um die gute Lesbarkeit sicherzustellen, wird allerdings auf die weibliche Formulierung verzichtet.

Inhalt

Vorwort

»Ich habe keine Zeit zum Üben.« Wie oft habe ich diesen Satz in den letzten Jahren gehört? Den Arbeitsalltag bewältigen, die Fahrt zur Arbeit und wieder retour, Kinder erziehen, Freunde treffen, Sport treiben, einkaufen, kochen, ... Unsere Tage sind vollgestopft mit tausend Sachen. Und hier soll man noch täglich eine Viertelstunde finden, in der man seine Stimme entwickelt, an seiner Redetechnik arbeitet und sich die optimale Körperhaltung fürs Sprechen und Präsentieren aneignet? Für die meisten unmöglich.

Selbst mir als »Stimm-Begeisterte« geht das so. Mal ist mein Terminkalender zu voll, mal bin ich zu müde, mal habe ich schlichtweg anderes zu tun als meine Stimmübungen zu machen.

Seit ich mich aber von der Vorstellung gelöst habe, dass sich Übungsprogramme nur am Stück absolvieren lassen, funktioniert es. Ich verteile die Übungen auf den ganzen Tag und verbinde sie mit Dingen, die ich ohnehin erledige: eine Atemübung gleich nach dem Aufwachen, eine Haltungsübung beim Bäcker in der Warteschlange, eine Sprechübung im Auto.

Jeder Mensch hat die Chance, ein guter Redner zu werden. Davon bin ich fest überzeugt. Möge Ihnen dieses Buch als »Schlüssel« dienen, der Ihnen die Tür zu Ihrem stimmlichen und rednerischen Potential öffnet!

Ich wünsche Ihnen viel Freude beim Reden, Bewegen und Wirken!

Von Herzen
Daniela Zeller

Teil 1

Das Instrument Körper

Man kann nicht nicht wirken

Jeder Redner wirkt automatisch über drei Faktoren:

1. zu 7% über das, was er sagt, also über den Inhalt seiner Rede.

2. zu 38% über Stimme (Stimmklang: hoch, tief, hell, rau, vital, krank, klar, belegt, jung, alt, warm, kalt, körperlich, halsig) und Sprechweise (schnell, langsam, deutlich, undeutlich, melodisch, linear, mit/ohne Pausen, lebendig, monoton, Dialekt, Akzent, Hochsprache).

3. zu 55% über die äußeren Faktoren (Körperhaltung, Gestik, Mimik, Outfit, Styling).

Zu rund 93% wirken Sie also nicht über das, *was* Sie sagen, sondern über das *Wie*. Jede Kommunikation besteht aus einer Inhalts- und einer Beziehungsebene, wobei die Beziehungsebene immer schwerer wiegt. Sind Sie Ihrem Gesprächspartner sympathisch, wird er auch eher den Inhalt Ihrer Rede für gut befinden. Sind Sie Ihm hingegen unsympathisch, können Sie das Klügste, Richtigste und Fundierteste von sich geben: Auf 100%ige Zustimmung warten Sie vermutlich vergebens. Der Klang Ihrer Stimme, Ihre Art zu sprechen und sich dabei zu bewegen, Ihre Körperhaltung, Ihre Mimik und Ihr Styling tragen entscheidend dazu bei, ob es Ihnen gelingt, zu Ihrem Gegenüber eine gelungene Beziehungsebene aufzubauen, oder nicht.

Wechselwirkung

Körper – Gedanken – Emotionen – Stimme

Sprechen beginnt immer mit einem *Ein*druck, der den Redner über den Intellekt ereilt. Der *Aus*druck erfolgt über das Instrument Körper. Die Stimme ist das Transportmittel für die Gedanken und Emotionen, die ein Redner seinen Zuhörern mitteilen möchte. Ausschlaggebend für den Klang der Stimme und für die authentische Wirkung ist auch die emotionale Verfassung des Redners.

Körper und Psyche bilden eine zentrale Einheit. Der Körper beeinflusst unsere Gedanken und Emotionen. Was wir fühlen, hat Auswirkung auf den physischen Zustand, denn jede Emotion wird im Körper gespeichert. Genauso, wie die Gedanken und Emotionen dem Körper folgen, tut dies auch die Stimme. Wir können nicht motiviert und positiv klingen, wenn wir uns nicht motiviert und positiv fühlen.

Unsere Wahrnehmung besteht aus drei Komponenten: Verstand, Gefühl und Intuition. Der Verstand ist unser Denken, das Gefühl unsere Seele und das intuitive Handeln der Körper. Verstand, Gefühl und Intuition befinden sich in einem ständigen Wechselspiel: Sie können nicht fühlen ohne zu denken und nicht denken ohne zu fühlen. Alle Gefühle und Gedanken werden sichtbar in einer körperlichen Reaktion. Und hörbar über die Stimme.

Jeder Gedanke drückt sich in der Körpersprache aus. Eine bestimmte Körperhaltung wiederum kann einen Gedanken oder eine Emotion auslösen oder blockieren. Emotionen können beispielsweise Verspannungen in den Bereichen Herz, Lunge und Zwerchfell verursachen. Schafft man es nicht, diese Emotionen zu lösen und loszulassen, wird es nicht gelingen, diesen Bereich zu öffnen und die Energie, die Atmung und die Stimme fließen zu lassen.

An dieser Stelle ein kleiner Versuch: Stehen Sie auf. Verlagern Sie Ihr Gewicht auf ein Bein und knicken Sie das Becken. Lassen Sie die Schultern hängen und den Brustkorb einfallen. Sehen Sie zu Boden. Nun sprechen Sie den Satz: »Mir geht's heute richtig gut.«

Und – wie haben Sie geklungen? Wahrscheinlich eher müde und abgeschlagen als fröhlich und munter. Der entscheidende Punkt ist jedoch: Wie haben Sie sich gefühlt, als Sie in dieser »hängenden« Körperhaltung Ihren Satz gesprochen haben? Genau – Sie können sich nicht munter und tatkräftig fühlen, wenn Ihre Körperhaltung signalisiert: »Mir geht es nicht gut, ich bin müde.« Und wenn Sie sich nicht munter und tatkräftig fühlen, können Sie auch nicht so klingen.

Nun versuchen Sie es in die umgekehrte Richtung: Sie stellen sich gut geerdet hin, das Gewicht ist auf beide Füße gleichmäßig verteilt. Ihr Brustkorb ist offen, der Kopf gerade. Sie sprechen den Satz: »Mir geht's heute richtig schlecht.« Genauso, wie Sie in der schlaffen Körperhaltung mit Blick zum Boden nicht positiv klingen konnten, wird es Ihnen nicht gelingen, negativ zu klingen, wenn Ihre Füße gut mit dem Boden verankert sind, Ihr Brustkorb weit geöffnet und Ihr Kopf gerade ist.

Sie sehen: Gute Stimmung beginnt mit einer aufrechten Körperhaltung. Und gute Stimmung ist die Voraussetzung für einen guten Stimmklang und selbstsicheres Auftreten. Gedanken, Emotionen, Körper und Stimme sind miteinander verbunden und beeinflussen sich gegenseitig. Die Stimme kann nur in einem ausbalancierten Körper schwingen. Man kann aufgrund der Stimme auch den emotionalen Zustand des Redners heraushören. In einem durchlässigen Körper können positive Gedanken und Emotionen leichter gedeihen.

Bausteine für eine positive innere Haltung beim Reden

1. *»Ich bin einzigartig und unvergleichlich.«*
   Der dänische Philosoph Soren Kierkegaard hat das »Vergleichen« einst als »das Ende des Glücks und den Anfang der Unzufriedenheit« beschrieben. Das Schielen auf andere führt uns weg von uns selbst. Wer seinen Selbstwert allein aus dem Vergleich mit Freunden, Kollegen, Geschwistern zieht, wird niemals zu wahrem Selbstbewusstsein (»sich seiner selbst bewusst sein«) finden. Und Selbstbewusstsein braucht man, um gelassen vor sein Publikum treten zu können. US-Forscher von der Columbia University in New York baten Testpersonen, vier Wochen lang genau aufzuschreiben, wann sie sich anderen unterlegen fühlten. Ergebnis: Nach einem Monat sagten 80% der Probanden von sich, sie seien weniger selbstbewusst und fühlten sich deutlich gestresster. Allein dadurch, weil sie dazu aufgefordert waren, sich ständig mit ihren Mitmenschen zu vergleichen. Selbstbewusste Redner wissen: Niemand ist besser als andere, kein Redeauftritt lässt sich mit dem Redeauftritt einer anderen Personen vergleichen.

2. *»Ich gebe mein Bestes – weniger ist manchmal mehr.«*
   Haben Sie schon einmal von der »80-20-Regel« gehört? Sie besagt, dass schon 20% richtig eingesetzter Zeit und Energie 80% der Ergebnisse bringen. Oder wie es die Bestsellerautorin Julia Cameron beschreibt: »Perfektionismus ist die Weigerung, sich die Erlaubnis zu geben, sich fortzubewegen.« Viele Menschen stehen sich bei Redeauftritten mit dem Bemühen nach absoluter Perfektion selbst im Weg, weil sie vor lauter Streben nach Vollkommenheit darauf vergessen, sich auf Publikum und Situation einzulassen und auch einmal ganz spontan einer Eingebung

zu folgen. Und gerade das macht letztendlich oft den Erfolg eines Redeauftritts aus. Eine kleine Übung für zwischendurch: Bauen Sie bei Ihrem nächsten Redeauftritt absichtlich einen kleinen Fehler ein. Sie werden diesen kleinen Schönheitsfehler vermutlich überleben und feststellen: Alles halb so schlimm!

3. *»Ich schaffe das schon!«*
   Haben Sie gewusst, dass die Angst, vor Menschen zu sprechen, eine der häufigsten Ängste überhaupt ist? Im »Ängste-Ranking« ist Redeangst unter den Top 3. Nur vor Spinnen und Schlangen fürchten sich Menschen noch mehr. Was aber macht einen Redeauftritt für viele zu einem solch gefürchteten Ereignis?

Redeangst hat viele Gründe: Die Angst vor der Reaktion und der Ablehnung des Publikums. Angst, die Kontrolle über den eigenen Körper zu verlieren. Angst, dass etwas Unvorhergesehenes passiert – dass zum Beispiel die Technik den Geist aufgibt.

Der stärkste Angstgrund ist wahrscheinlich die Angst vor dem eigenen Versagen. Viele Menschen, mit denen ich gearbeitet habe, hatten Angst vor Black Outs, Angst vor Texthängern, Angst, dass das Publikum ihre zitternden Hände bemerkt, Angst davor, dass die Stimme zu zittern beginnt.

Bei vielen hängt ihre Redeangst mit ihren Glaubenssätzen zusammen. Ängste haben meist nicht damit zu tun, dass man etwas nicht kann, sondern dass man sich diese Sache nicht zutraut. Der Grund dafür liegt oft weit zurück.

Eine Kundin, für die allein der Gedanke daran, vor Menschen zu sprechen, jahrelang der pure Horror war, hat mir erzählt, dass ihre Ängste bereits in der

Volksschule begonnen haben. Da sie immer gerne gesungen hat, wollte sie dem Volksschulchor beitreten und wurde mit der Begründung, ihre Stimme wäre nicht »schön« genug, abgelehnt. Dieses Erlebnis hat in ihr den Glaubenssatz »meine Stimme ist nicht schön genug« reifen lassen. Sie hat sich nie wieder getraut vor anderen Menschen zu singen und zu sprechen. Mündliche Prüfungen und Referate in der Schule waren ihr ein Graus, später hat sie öffentliche Redeauftritte möglichst vermieden und zum Beispiel bei Präsentationen ihre Kollegen vorgeschickt.

Glaubenssätze können hemmen oder helfen

Ohne den Glauben an sich selbst und ohne Selbstvertrauen fehlt uns die Motivation, den ersten Schritt in Richtung Ziel zu tun. Es fehlt der Mut, die Hürden, die auf diesem Weg womöglich auf uns warten, zu überwinden. Bekennen Sie sich daher ohne falsche Bescheidenheit zu Ihren Erfolgen! Sie können Ihr Gehirn jederzeit auf selbstbewusstes Verhalten programmieren. Bewusstsein ist der erste Schritt zu einer positiven Veränderung. Stellen Sie sich doch einmal die Frage, *warum* Sie so ungern vor anderen Menschen sprechen. Gehen Sie der Frage nach, wovon Sie mehr bräuchten, um gut und gerne vor Publikum zu reden.

Eine Facebook-Freundin hat vor kurzem einen schönen Satz gepostet: »Ich habe beschlossen, glücklich zu sein.« Beschließen Sie, erfolgreich zu sein! Beschließen Sie, dass Sie ab sofort gerne vor Menschen sprechen. Beschließen Sie, dass Sie es wert sind, gehört zu werden! Ein entscheidender Glaubenssatz erfolgreicher und zufriedener Menschen lautet: »Es wird mir gelingen, auch diese Aufgabe zu meistern.«

Authentizität – mehr als nur ein schönes Wort

Authentizität bedeutet, dass das, was Sie in sich tragen und das, was Sie aussenden, deckungsgleich ist.

Es gibt bestimmt Tage, an denen Sie sich gut fühlen und Ihrem Redeauftritt somit zuversichtlich entgegen blicken. An diesen Tagen senden Sie positive Signale, Ihre Stimme wird kräftig klingen, Sie fühlen sich wohl und kommen bei Ihren Zuhörern an. An diesen Tagen strahlen Sie wie von allein Gelassenheit und Souveränität aus.

Allerdings gibt es auch die anderen Tage. Tage, an denen Sie sich bereits in der Früh müde und abgeschlagen fühlen. Tage, an denen Sie lieber unsichtbar wären und die Sie gerne im Bett verbringen würden. Trotzdem sollten Sie bei Ihrer Präsentation oder Rede kompetent und tatkräftig wirken. An diesen Tagen ist Ihr Körper Ihr zuverlässigster Verbündeter. Die positive innere Haltung, die Sie benötigen, um positiv zu wirken, erlangen Sie über Ihre äußere Haltung. »Sprechen« und »Wirkung« sind keine Geschenke des Himmels, sondern Fertigkeiten, die man erlernen kann! An den »goldenen« Tagen wird Ihr Redeauftritt »wie von alleine« funktionieren. Für die nicht so goldenen Tage erhalten Sie in diesem Buch Werkzeuge, die Sie kompetent, authentisch und sicher erscheinen lassen.

Fürs Sprechen brauchen Sie einen durchlässigen Körper. Ich mag den Begriff »durchlässig«, denn darin steckt das Wort »lässig«. Jeder Redeauftritt, und ist er noch so ernst und seriös, braucht einen Schuss Lässigkeit. »Lässigkeit« bedeutet für mich: Humor, Spontanität, eine offene Wahrnehmung und die damit verbundene Schnelligkeit in der Reaktion.

Außerdem kann ein klarer, voller und wohlklingender Ton nur dann entstehen, wenn der Kehlkopfbereich »frei« ist. Sie können sich dies so vorstellen: Im Prinzip hat jeder von Geburt an eine gesunde Stimme. Eine natürliche Stimme, in der Höhen und Tiefen vorhanden sind. Eine Stimme, die in der Lage ist, jede Emotion und jeden Gedanken authentisch auszudrücken. Das Problem: Mit der Zeit und mit den Lebensjahren häufen sich in unserem Körper Verspannungen. In der Bauchdecke, in den Schultern, im Kiefer. Je größer diese Verspannungen werden, desto kleiner wird – bildlich ausgedrückt – die Stimme. Darunter leidet nicht nur der Stimmklang und die Stimmgesundheit, sondern auch die authentische Wirkung des Sprechers. Stimmen, die aus verspannten Körpern kommen, klingen oftmals kehlig, eng, schrill und gepresst. Der Redner wird schnell heiser und empfindet ein Engegefühl in der Kehle. Der Redner wird gestresst, unsicher und unsouverän wahrgenommen.

Nur aus einem entspannten Körper kann eine natürliche und authentische Stimme kommen.

Nur ein Redner, der mit seiner natürlichen und authentischen Stimme spricht, wirkt authentisch und selbstbewusst.

Die Kehle befreien

Die Voraussetzung für einen freien Kehlkopfbereich sind gut geerdete Fußsohlen, flexible Knie, ein beweglicher Beckenboden, ein frei schwingendes Zwerchfell, ein gelöster Zungengrund, ein lockerer Kieferbereich und eine lockere Gesichtsmuskulatur.

Achten Sie für einen guten Stand auf:

- gut geerdete und hüftknochenbreite Füße,
- lockere und flexible Knie,
- einen beweglichen Beckenboden,
- eine lockere Bauchdecke,
- einen geöffneten Brustkorb,
- lockere Schultern,
- einen geraden Kopf,
- lockere Hände und Handgelenke.

Wirkung

Zwei Hälften – ein Körper

Die Stimme macht, was Körper, Gedanken und Emotionen ihr vorgeben.

Wie klingt Ihre Stimme, wenn Sie von einer Sache begeistert oder aufgeregt sind? Wie, wenn Sie mit Babys und kleinen Tieren sprechen? Höchstwahrscheinlich eher hell und hoch, vielleicht sogar ein wenig schrill. Die hohen Bereiche der natürlichen Stimme drücken Freundlichkeit, Freude, Liebenswürdigkeit, Hingabe, Temperament, Lebendigkeit, Kreativität, Innovationskraft, Engagement, Leichtigkeit und Spontanität aus. Aber auch emotionale Anspannung, Hektik, Unruhe, Nervosität und Unsicherheit.

Wie hingegen klingt Ihre Stimme, wenn Sie sich in einer entspannten Gesprächssituation befinden? Wenn Sie sich gelassen fühlen und in sich ruhen? Ihre Stimme wird automatisch tiefer. Die tieferen Bereiche der natürlichen Stimme senden Kompetenz, Souveränität, Gelassenheit, Ruhe, Sicherheit, Erfahrung, Vertrauenswürdigkeit, Sachlichkeit, Ernsthaftigkeit, Disziplin, Durchhaltevermögen, Kontinuität, Standfestigkeit, Mut, Macht und Glaubwürdigkeit aus. Aber auch Distanz, Strenge, Monotonie, Müdigkeit und Langeweile.

Ein guter Redner schafft es, kompetent, souverän, stark, erfahren, vertrauenswürdig, glaubwürdig zu wirken und gleichzeitig lebendig, freundlich, spontan und engagiert.

Sie fragen sich, wie Sie mental all dies gleichzeitig schaffen sollen? Noch dazu, wenn Sie sich in der angespannten Situation eines öffentlichen Redeauftritts befinden und es dabei ja auch auf den Inhalt ankommt und Sie sich auch auf Ihr

Gegenüber konzentrieren sollen? Keine Sorge: Konzentrieren Sie sich auf Inhalt und Publikum – alles andere erledigt Ihr Köper. Er beeinflusst Ihre Gedanken und Emotionen, was sich wiederum auf Ihre Stimme auswirkt.

Ihr Körper besteht aus zwei Hälften: Die untere Hälfte reicht von den Fußsohlen bis zum Zwerchfell. Die obere von Zwerchfell bis zum Schädeldach. Der untere Teil des Körpers muss gut geerdet und standfest sein und dennoch flexibel. Aber bedeutet Flexibilität nicht immer die wahre Stärke?

Die obere Körperhälfte benötigt Offenheit, Lockerheit und Entspannung. Ein aktiver, gut geerdeter unterer Teil und ein aktiver, lockerer oberer Teil sorgen für die optimale Wirkung eines Redners, für eine frei fließende Atmung und den bestmöglichen Klang der Stimme.

Unten

Oft schon habe ich – zum Beispiel bei Vorträgen und Präsentation, aber auch in privaten Redesituationen – Menschen erlebt, die klug, kompetent, gut vorbereitet und engagiert sind. Voller Tatendrang, von der Sache überzeugt und mit dem Herzen bei der Sache. Bei ihrem Redeauftritt sprühen sie förmlich vor Begeisterung, sie schaffen es, die Zuhörer zu erreichen und mitzureißen. Hinterher sind alle begeistert von so viel Lebendigkeit, Elan und Hingabe – dennoch erhält den Auftrag eine andere Person. Warum? Weil die untere Körperhälfte zu wenig aktiv und stark ist.

Über die untere Hälfte vermitteln Sie Kompetenz, Souveränität, Sachlichkeit, Erfahrung, Vertrauen, Ernsthaftigkeit, Standfestigkeit, Ruhe, Stärke, Glaubwürdigkeit, Durchhaltevermögen, Disziplin und Macht. Um diese Wirkung zu erreichen, müssen die Füße gut geerdet und die Knie locker sein. So erreichen Sie einen festen und aktiven Stand.

Sie denken, lockere Knie und ein fester Stand sind ein Widerspruch in sich? Das Gegenteil ist der Fall! Wahre Stärke entsteht durch Flexibilität. Im Leben und bei der Körperhaltung.

Diese (falsche) Körperhaltung beobachte ich bei Rednern ständig: Das Gewicht ist auf ein Bein verlagert oder ein Fuß ist überhaupt aufgestellt. Die Knie sind durchgestreckt. Das Becken ist geknickt, die Bauchdecke dadurch verspannt. Fazit: Die Füße haben nicht genug Bodenkontakt, der Stand ist nicht aktiv. Die fehlende Erdung der Füße und die Verspannungen in den Knien sowie die daraus resultierenden Verspannungen in der Bauchdecke setzen sich auch in der oberen Hälfte des Körpers fort.

In dieser Körperhaltung ist es schwierig:

- zu einer souveränen inneren Haltung zu gelangen,
- souverän zu wirken,
- souverän zu klingen,

da durch die Verspannungen in der Bauchdecke die Atmung nur in den Schulter- und Brustkorbbereich fließen kann. Die Atmung wird flach oder es entsteht die sogenannte »Schnappatmung«, bei der der Redner immer wieder hörbar nach Luft ringt. Dieser Vorgang macht die Kehle eng und die Stimme unnatürlich hoch.

Ein Beispiel aus der Praxis

Petra M. (Name geändert), 41 Jahre alt, Anwältin mit eigener Kanzlei, liebt ihren Beruf. Ihr Studium hat sie in Mindestzeit absolviert, danach erfolgreich in unterschiedlichen Anwaltskanzleien gearbeitet und sich vor zwei Jahren selbstständig gemacht. Sie ist fachlich höchst kompetent, wie ihr auch von ihren ehemaligen Arbeitgebern bescheinigt wurde, ehrgeizig, gut vernetzt und fleißig. Trotzdem läuft ihre Kanzlei lediglich »suboptimal«.

In letzter Zeit fällt ihr auf, dass sich zwar mehr als ausreichend Klienten mit ihr in Verbindung setzen, einen Termin für ein Erstgespräch vereinbaren – und sich danach nie wieder melden. Manche springen sogar schon nach dem ersten Telefonat ab. Petra M. vermutet, dass die Absagen und nicht zustande gekommenen Aufträge mit ihrem Auftreten, ihrer Art zu sprechen und mit ihrer Wirkung auf andere zu tun haben könnten. Sie entscheidet sich für ein Stimm- und Präsentationstraining bei mir.

Im ersten Gespräch schildert Petra M. ihre Probleme, entwickelt Wünsche für ihre Stimme und ihre Wirkung nach außen und formuliert das Ziel des Trainings. Wir definieren einen zeitlichen Rahmen für das gesamte Training und besprechen den nächsten Schritt. Ich bitte Petra M., eine Kurzpräsentation zu halten, die ich zwecks späterer Analyse auf Video aufnehme. Das Gleiche mache ich bei einem fingierten Telefonat, das die Anwältin mit einer potentiellen Klientin führt. Danach lege ich fest, auf welche Kriterien Petra M. beim Ansehen des Videos – ohne zu bewerten und ein Urteil abzugeben – achten soll.

Diese sind:

1. ***Atmung:*** Hörbar? Nicht hörbar? Wohin fließt die Atmung? Hebt sich die Bauchdecke beim Einatmen? Heben sich die Schultern? Schnappt Petra M. nach Luft oder passiert die Einatmung ganz natürlich?

2. ***Stimmklang:*** Wie würde Petra M. ihre Stimme jemandem beschreiben, der sie nicht hören kann? Klingt die Stimme hell oder dunkel, hoch oder tief, vital oder angeschlagen, kraftvoll oder piepsig, präsent oder zittrig, tragfähig oder leise, frei oder gepresst, körperlich oder kehlig, weich oder schneidend, jung oder alt, warm oder verbraucht, präsent oder dünn, kräftig oder krächzend?

3. ***Sprechweise:*** Spricht Petra M. zu hoch oder zu tief oder in ihrer natürlichen Stimmlage? Spricht sie linear oder melodisch? Klingt das Gesagte nach »Sing-Sang« oder ist es eher monoton? Macht Petra M. Pausen und Zäsuren? Geht sie mit der Stimme am Ende eines Satzes oder eines Gedankens nach unten (= spricht sie »auf Punkt«) oder immer nach oben? Gibt es Veränderung im Tempo? Ist die Sprache deutlich und leicht verständlich oder werden einzelne Silben und Wörter vernuschelt? Redet Petra M. zu leise oder zu laut oder in einer für Raum, Redesituation und Zuhörer angemessenen und passenden Lautstärke? Spricht sie in Hochsprache, mit Dialekt oder Akzent? Spricht sie in verschachtelten Sätzen mit vielen Nebensätzen oder in einer klaren und prägnanten Sprache mit kurzen Sätzen? Verwendet sie Füllwörter wie »äh«, »irgendwie«, »ja«?

4. *Körperhaltung:* Sind die Schultern entspannt oder angespannt? Werden die Schultern hochgezogen? Ist der Brustkorb offen oder eingefallen? Ist die Bauchdecke locker oder verkrampft? Was macht der Kopf? Bewegt sich der Körper beim Sprechen? Welche Körperteile bewegen sich wie?

5. *Hände:* Was machen die Hände? Bewegen sich die Hände beim Sprechen? Sind Gesten vorhanden? Wenn ja: Wie sehen die Gesten aus? Wie ist die Qualität der Gesten? (Hiermit meine ich nicht, ob die Gesten »gut« oder »schlecht« sind, sondern ob sie klein oder groß ausfallen und häufig, unentwegt oder selten passieren.) In welchem Bereich finden sie statt? Sind die Gesten natürlich? Passen sie zum Wort?

6. *Füße:* Wie stehen die Füße? Sind die Füße geerdet? Bewegen sich die Füße? Macht Petra M. Schritte oder bleibt sie während der gesamten Redezeit stehen?

7. *Blick:* Bleibt sie mit dem Blick beim Publikum? Wandert der Blick nach oben, unten oder nach innen? Sieht Petra M. ihr Publikum wirklich an oder tut sie nur »als ob«?

8. *Mimik:* Findet Mimik statt oder bewegen sich die Gesichtsmuskeln nur selten? Ist die Mimik natürlich? Passt die Mimik zum gesprochenen Wort?

9. *Gliederung:* Ist der Inhalt für den Zuhörer einfach nachzuvollziehen? Gibt es einen packenden Einstieg in die Präsentation und einen klaren Schluss?

Beim Betrachten des Videos wird klar, dass die Füße von Petra M. niemals geerdet stehen. Im Gegenteil: Das Gewicht ist während der gesamten Präsentation auf nur ein Bein verlagert, manchmal ist sogar ein Fuß aufgestellt. Es ist, als würde die Anwältin über dem Boden »schweben«. Petra M. schnappt hastig nach Luft, ihre Bauchdecke ist verspannt. Die Schultern werden nach oben gezogen. Deutliche und längere (Atem- und Sprech-)Pausen fehlen, sie spricht mit einer für sie zu hohen und unnatürlichen, manchmal beinahe piepsigen Kleinmädchenstimme. Ihre Stimme geht am Satzende meistens nach oben, deutliche Punkte fehlen. Außerdem spricht Petra M. sehr schnell und manchmal undeutlich. Ihre Mimik ist sehr intensiv, immer wieder runzelt Petra M. die Stirn und reißt die Augen auf. Sie verwendet beim Sprechen viele Gesten, oft gerät sie aufgrund des nicht vorhandenen Standpunktes ins »Fuchteln«. Ihre Gesten passen dann nicht zum Gesagten.

Petra M. wirkt während ihrer Präsentation und während des Telefonats sehr lebendig und humorvoll. Sie vermittelt großes Interesse an Zuhörerin und Thema und ein enormes Engagement. Allerdings wirkt sie auch unruhig, aufgekratzt, schrill, sehr emotional, leichtfüßig und unbeständig.

Petra M. fehlt es bei ihrer Körperhaltung an Erdung. Ihre untere Körperhälfte ist zu passiv, dadurch wird die obere Körperhälfte über-aktiv. Die Gesten finden zu wenig Klarheit und Ruhe, im Gesicht passiert mehr als angemessen wäre, die Atmung wandert in den Schulterbereich und wird zur Schnappatmung, was die Kehle eng und die Stimme unnatürlich hoch macht.

Gerade in ihrem Beruf als Anwältin aber sollte Petra M. Standfestigkeit, Durchsetzungsvermögen, Kompetenz, Erfahrung, Klarheit und Sachlichkeit ausstrahlen, um so das Vertrauen ihrer Klienten zu gewinnen. Haben die Klienten zu Petra M. Vertrauen, werden sie sich auch in rechtlichen Angelegenheiten von ihr vertreten lassen.

In den folgenden Wochen arbeite ich mit Petra M. an der Aktivität ihrer Füße und an ihrem Stand. Gestik und Mimik werden ruhiger. Sie lernt, ihre Bauchdecke zu entspannen, ihre innere Weite zuzulassen sowie natürlich und tief zu atmen. Dadurch kommen auch die tieferen Bereiche ihrer Stimme zum Vorschein. Petra M. übt die richtige Körperaktion für die Einatempause beim Sprechen. Sie entdeckt, dass es Spaß macht, einen Satz auch mal mit einem Punkt zu beenden.

Nach einiger Zeit wirkt Petra M. sicherer, gelassener, souveräner, präsenter und erwachsener. Die Kleinmädchenstimme ist der Stimme einer kompetenten Frau gewichen. Petra M. nimmt sich den Raum und die Ruhe, die sie braucht. Es gelingt ihr, die Begabungen und Fähigkeiten, die in ihr schlummern, nach außen hin sichtbar zu machen.

Die Körperteile der unteren Hälfte

Die Füße

Die Füße sind die unterste horizontale Ebene im Körper und kommunizieren mit allen anderen horizontalen Ebenen (Diaphragmen) wie Beckenboden, Zwerchfell, Stimmbänder, Gaumensegel und Schädeldach. Sie sind die Verbindung zum Boden und somit die Basis, auf der sich die gesamte Körperhaltung aufbaut. Funktioniert die Körperhaltung nicht, sind die Füße immer daran beteiligt. Wird die Fußmuskulatur verspannt und fest, so kann dies zu verminderter Flexibilität in den anderen horizontalen Ebenen führen. Ein fester und intensiver Kontakt der Fußsohlen mit dem Boden ist ein wichtiger Ausgangspunkt für eine freie, kräftige, gut sitzende und mühelose Stimme. Die Füße brauchen einen aktiven und lebendigen Kontakt mit dem Boden. Denn Sprechen bedeutet Bewegung. Nichts entlastet die Kehle mehr als das richtige körperliche Tun beim Sprechen.

Die optimale Haltung der Füße ist hüftknochenbreit. Der Kontakt zum Boden und das Spüren der Füße verleihen Ihnen Sicherheit im Körper. Spüren Sie im Körper Sicherheit, können Sie flexibel agieren und auf sich vertrauen. Sie können selbstsicher handeln und sprechen.

Die Knie

Die Knie haben eine enorme Auswirkung auf Ihren Hauptatemmuskel, das Zwerchfell, und somit auf den gesamten Atemvorgang und die Stimme, deren Qualität von der Qualität der Atmung bestimmt wird. Sind die Knie durchgedrückt, spannt sich der Beckenboden an und ist nicht reaktionsfähig. Die Elastizität des Beckenbodens wiederum ist mitverantwortlich für die Elastizität des Zwerchfells. Auch die Bauchdecke wird von der Haltung der Knie beeinflusst: Sind die Knie durchgedrückt und steif, spannen sich die Bauchmuskeln an. Die Folge: Die Bauchdecke verhärtet sich, das Zwerchfell kann sich nicht mehr frei bewegen, die Atmung wird flacher, worunter die Stimmqualität leidet. Die Knie sollten beim Sprechen immer locker und beweglich sein. Was aber bedeutet »locker«? Sie müssen beim Sprechen nicht in die berühmte »Schifahrerhocke« gehen, um gut zu klingen. Ihr Körper befindet sich in einem aktiven Stand, wenn die Knie im Stehen ungefähr 10° gebeugt sind.

Sie haben Ihre Knie korrekt eingerichtet und befinden sich im »aktiven Stand«? Dann bewegen Sie sich nun bitte wieder. Die Gefahr beim Sprechen nämlich ist, dass man zu lange in der angestrebten richtigen Körperhaltung verharrt – und den Körper somit schon wieder verspannt. Lernen Sie, aktiv zu stehen, ohne sich zu verspannen. Fürs Sprechen benötigen Sie einen durchlässigen Körper.

Der Beckenboden

Dass der Beckenboden etwas mit dem Thema »Stimme und Sprechen« zu tun haben kann, ist mir erstmals beim Yoga aufgefallen. Seit einigen Jahren praktiziere ich Ashtanga-Yoga. Ein Yogastil, bei dem der Beckenboden permanent aktiv ist und bei dem es (unter anderem) um das Verbinden von Atmung und Bewegung geht. Nach der Yogastunde fühlte ich jedes Mal ein unglaubliches Freiheitsgefühl in der Kehle. Zunächst ein für mich unglaubliches Phänomen.

Erst später ist mir klar geworden, dass dieses entspannte Gefühl in der Kehle aus der Aktivität des Beckenbodens resultiert. Alle Aktivität des Beckenbodens nämlich spiegelt sich in der Muskulatur des Zwerchfells und der Stimmlippen, des Mundbodens und Gaumens, im Schädeldach und in den Füßen wider. Dies ist das Prinzip der sich gegenseitig beeinflussenden horizontalen Ebenen des Körpers, das Prinzip der Durchlässigkeit. Die Erkenntnis über das Zusammenspiel von Kehle und Beckenboden sowie der horizontalen Ebenen hat meiner persönlichen stimmlichen Arbeit eine neue Dimension eröffnet. Ich habe gelernt, Elemente des Beckenbodentrainings mit dem Einsatz der Stimme zu kombinieren.

Frauen, die bereits Kinder geboren haben, Kampfsportler und Yoga-Übende sind mit dem Beckenboden meist gut vertraut. Für alle anderen Menschen ist der Beckenboden fremdes und manchmal auch befremdliches Gebiet.

Der Beckenboden wird »die Schale für den Klang« genannt und ist das Fundament für eine klangvolle und belastungsfähige Stimme. Die Aktivität des Beckenbodens wirkt sich auf das Zwerchfell, die Stimmbänder, den Mundboden und den Gaumen aus. Kann Ihr Beckenboden frei schwingen, können es auch Ihre Stimmbänder. Ihre Stimme klingt klangvoll, mühelos und klar.

Ist der Beckenboden jedoch verspannt oder schlaff, wirkt sich auch das auf Zwerchfell, Stimmbänder, Gaumen und Schädeldach aus. Für eine vitale und wohlklingende Stimme braucht jeder Mensch den aktiven Wechsel zwischen Anspannen und Loslassen des Beckenbodens.

Während bei manchen Yogastilen der Beckenboden permanent aktiviert wird (Bandhas, Energieverschlüsse), ist dies beim Sprechen nur bei der Ausatmung (also während der Stimmgebung) der Fall. Ist die Ausatmung zu Ende, wird der Beckenboden losgelassen und entspannt, sodass sich der Körper einen tiefen neuen Atemzug holen kann.

Ausflug in die Beckenboden-Anatomie

Der Beckenboden ist ein komplex aufgebautes Muskelnetzwerk, bei dem Anspannung und Loslassen einander abwechseln. Er hat die Form eines Trichters und zieht sich vom Schambein zum Steißbein und quer von Sitzhöcker zu Sitzhöcker. Räumlich gesehen bildet er wegen seiner Trichterform einen Gegenpol zur Kuppel des Zwerchfells.

Er besteht aus drei Schichten und ist handtellerdick. Die Muskelfasern verlaufen längs und quer und verdichten sich am Damm zu einem starken Fadenkreuz.

1. *Die innerste Beckenbodenschicht*

   Diese Beckenbodenschicht beginnt hinten am Steißbein und zieht sich innerhalb des kleinen Beckens nach vorne zum Schambein und zur Seite. Diese Muskelschicht hat die Hauptstützfunktion für den Beckenboden.

2. *Die mittlere Schicht*

   Sie verläuft quer zwischen den Sitzhöckern und dem Schambein und hat ebenfalls eine Stützfunktion.

3. *Die äußere Schicht*

   Diese Schicht verläuft vom Schambein nach hinten zum Steißbein. Zu ihr gehören die Genital- und Schließmuskeln. Die äußere Schicht ist für die feinen Bewegungen zuständig, sie verfügt über keinerlei Stützkraft.

Der Beckenboden hat in unserem Körper eine große Bedeutung:

› Beim Ausatmen, Sprechen und Singen unterstützt er die Zwerchfellbewegungen.
› Er ist wichtig für Gleichgewicht, Aufrichtung und Bewegung.
› Ist er aktiv, sorgt er für eine gute Körperhaltung.

Die Lendenwirbelsäule

Die Lendenwirbelsäule ist der unterste Abschnitt der Wirbelsäule und besteht aus fünf Wirbeln, den Lendenwirbeln. Viele Organsysteme sind an der Lendenwirbelsäule fixiert, auch das Zwerchfell. Fehlhaltungen der Lendenwirbelsäule können also der Grund dafür sein, dass das Zwerchfell in seinen Bewegungen blockiert ist und die Atmung daher nicht frei fließen kann. Außerdem gehen große Nerven aus der Lendenwirbelsäule, die die unteren Extremitäten versorgen. Verspannungen in der Lendenwirbelsäule können Verspannungen im Kehlkopfbereich auslösen, da sich diese Verspannungen aufgrund des Zusammenspiels aller horizontalen Ebenen über das Zwerchfell auf die Kehle übertragen.

Die Bauchdecke

Bestimmt haben Sie schon einmal den Ausspruch »Sie hat das aus dem Bauch heraus gesagt« gehört. Oder jemand hat davon gesprochen, dass die Stimme »aus dem Bauch« kommt. »Aus dem Bauch« wird im sprecherischen Zusammenhang immer als besonders glaubwürdig, natürlich und authentisch empfunden. Was aber ist damit gemeint?

Die Voraussetzung für einen wohlklingenden Stimmklang ist die Qualität der Atmung. Die fürs Sprechen richtige Atmung ist die Bauchatmung. Dabei fließt die Atmung in den Bauch. Dies funktioniert nur, wenn die Bauchmuskeln entspannt sind. Je lockerer die Bauchdecke, umso freier kann das Zwerchfell schwingen. Bei der Einatmung bewegt sich das Zwerchfell kuppelförmig nach unten, sodass die inneren Organe nach unten ausweichen müssen. Aus diesem Grund hebt sich die Bauchdecke beim Einatmen.

Bei der Ausatmung bewegt sich das Zwerchfell kuppelförmig nach oben. Die Organe gewinnen wieder an Platz. Daher senkt sich die Bauchdecke bei der Ausatmung. Ohne lockere Bauchdecke kein frei schwingendes Zwerchfell, ohne frei schwingendes Zwerchfell keine wohlklingende Stimme. Achten Sie daher immer darauf, dass Ihre Bauchmuskeln entspannt sind. Dies ist erfahrungsgemäß für viele Menschen gar nicht so einfach, da wir eher darauf konditioniert sind, den Bauch einzuziehen. Bauch zu zeigen, mag zwar aus modischer Sicht verpönt sein, aus atemtechnischer Sicht ist es jedoch notwendig. Ist die Bauchdecke nämlich verspannt, kann die Atmung lediglich in den Brustkorb fließen, was zu einer Hochatmung und damit verbundenen Schnappatmung führt. Die Kehle wird eng, die Stimme unnatürlich hoch und kommt so gar nicht mehr »aus dem Bauch«.

Das Zwerchfell

Das Zwerchfell ist die Verbindung von oberer und unterer Hälfte. Es ist der Hauptatemmuskel, der kuppelförmig über den Bauchorganen liegt. Es besteht aus einer dünnen Muskelschicht, die mit dem Brustkorb und der Lendenwirbelsäule verbunden ist. Das Zwerchfell trennt den Bauchraum vom Brustraum.

Die zum Sprechen ideale Atmung ist die sogenannte Zwerchfell- oder Bauchatmung. Je lockerer und entspannter die Bauchmuskulatur, desto freier kann das Zwerchfell sich bewegen – und das tut es unaufhörlich, ohne dass es aktiv in Bewegung versetzt wird, denn das Zwerchfell ist ein unwillkürlicher Muskel. Bei einem tiefen Atemzug senkt sich das Zwerchfell übrigens zirka fünfzehn Zentimeter nach unten. Dieser Druck überträgt sich über die Eingeweide in die Beckenbodenmuskulatur.

Stimme ist Ausatmung. Die Qualität der Ausatmung bestimmt die Qualität der Stimme. Für eine tiefe Atmung und die daraus resultierende klangvolle und tragfähige Stimme benötigt der Mensch eine ungestörte Zwerchfellaktivität. Denn auch die Lungen machen die Bewegungen des Zwerchfells mit: Bei der Einatmung dehnen sie sich aus, bei der Ausatmung verengen sie sich. Die Atmung kann nur ungehindert fließen, wenn die Bewegungen des Zwerchfells nicht behindert werden. Dies ist oftmals durch eine falsche Körperhaltung, eine angespannte Bauchmuskulatur oder einen übervollen Magen der Fall.

Oben

Vielleicht ist es Ihnen schon einmal passiert, dass Sie mit einem Menschen im Gespräch waren, der auf Sie zwar einen sehr geerdeten und kompetenten Eindruck gemacht hat, der sie aber dennoch nicht überzeugt hat. Weil das, was er oder sie gesagt hat, irgendwie nicht so ganz bei Ihnen angekommen ist. Weil Sie nicht das Gefühl hatten, dass Ihr Gegenüber auf Sie eingeht. Weil den Worten der Ausdruck gefehlt hat, der bei Ihnen einen starken Eindruck hinterlassen hätte.

Eine Freundin hat mir einmal nach einem Arztbesuch erzählt: »Ich habe gemerkt, dass Dr. X sich auskennt, es hat mir auch gefallen, dass er immer so ruhig und sachlich bleibt. Aber er hat so steif und distanziert gewirkt und ich habe mich überhaupt nicht von ihm angesprochen gefühlt. Ich habe mich auch gar nicht wirklich getraut, ihm noch eine Frage zu stellen.« Bei Personen, die zwar ruhig und sachlich, aber nicht ausdrucksstark, kommunikativ, kontaktfreudig, lebendig und empathisch wirken, ist meist die obere Hälfte zu wenig aktiv und/oder locker.

Über die obere Hälfte vermitteln Sie Lebendigkeit, Kreativität, Empathie, Innovationskraft, Kommunikation, Kontakt, Freude, Freundlichkeit, Temperament, Begeisterung, Liebenswürdigkeit, Nahbarkeit, Spontanität, Engagement, Hingabe, Einfallsreichtum, Leichtigkeit, Spaß und Humor.

Um diese Wirkung zu erzielen, brauchen Sie eine lockere Bauchdecke, einen offenen Brustkorb, lockere Schultern, eine gesunde Halswirbelsäule, eine lockere Nackenmuskulatur und eine entspannte Kiefermuskulatur. Außerdem aktive und lockere Sprechwerkzeuge: Lippen, mimische Muskeln und Zunge.

Die Körperteile der oberen Hälfte sind Bauchdecke, Brustkorb, Schultern, Nacken- und Kiefermuskulatur, Lippen, Zunge, Gesichtsmuskeln und Hände.

Auch in der oberen Hälfte treten oftmals Fehlhaltungen auf: Die Bauchdecke ist verspannt, der Brustkorb eingefallen, Schultern und Nacken fest, die Halswirbelsäule befindet sich in einer Fehlhaltung. Die Kiefermuskulatur ist verspannt, was dazu führt, dass die natürliche Stimme nicht genug Öffnung vorfindet, um ihren gesamten Klang zu entfalten. Die Stimme klingt halsig und gepresst, die Sprache wird undeutlich. Sind Lippen und Zunge ver- oder unterspannt, wird die Sprache ebenfalls undeutlich.

In dieser Körperhaltung ist es schwierig:

- zu einer lebendigen und engagierten inneren Haltung zu gelangen,
- lebendig und engagiert zu wirken,
- lebendig und deutlich zu klingen.

Ein Beispiel aus der Praxis

Andreas K. (Name geändert), 43, ist Geschäftsführer eines Unternehmens und führt ca. 60 Angestellte. Er ist ein guter Analytiker und Stratege und es fällt ihm leicht, sachliche Entscheidungen zu treffen. Allerdings hat er oft das Gefühl, dass er und seine Mitarbeiter aneinander vorbei reden, was häufig zu Frustration und Konflikten führt. Auch ist es ihm eher unangenehm, vor Menschen zu sprechen. Es kommt ihm so vor, als würden die Zuhörer »wegschlafen«. Erst vor kurzem hat er das Feedback bekommen, er würde oft sehr undeutlich und schwer verständlich sprechen. Manchmal leidet er beim Sprechen und nach längerem Sprechen unter einem Engegefühl in der Kehle. Er ist aus all diesen Gründen immer froh, wenn ein Redeauftritt möglichst schnell wieder zu Ende ist.

Zu Beginn unserer gemeinsamen Arbeit definiere ich mit Andreas K., welches Ziel er durch unser Training erreichen will. Es lautet: Mehr Deutlichkeit und Ausdruck über die Sprache und die Fähigkeit, mit dem Publikum »spielen« zu können. Er möchte die Distanz überwinden und selbst mehr Spaß an Redeauftritten haben. Außerdem wünscht er sich, dass in Zukunft Gespräche mit seinen Mitarbeitern harmonischer und konstruktiver ablaufen und er ihnen das Gefühl vermitteln kann, dass er immer ein offenes Ohr für sie hat und auf ihre Bedürfnisse gerne eingeht – so es möglich ist. Kurz: Er möchte die Lebendigkeit, Kreativität, Begeisterung und Empathie, die in ihm steckt, auch nach außen zeigen.

Ich fordere Andreas K. auf, eine Kurz-Präsentation zu halten. Diese wird von mir gefilmt und hinterher von uns beiden begutachtet und analysiert.

Mir fällt auf, dass Andreas K. einen sehr sicheren Stand hat. Er steht gut geerdet da und strahlt Kompetenz, Erfahrung und Standfestigkeit aus. Allerdings sind seine Schultern und Arme verspannt und sein Brustkorb ist nicht ganz offen. Seine Gesten wirken nicht frei, sondern eher kontrolliert. Beim Sprechen öffnet er den Mund nur sehr geringfügig, was auf Verspannungen in der Kiefermuskulatur hinweist, die Sprache undeutlich macht und die Stimme etwas gepresst klingen lässt. Die Sprechweise von Andreas K. ist monoton und frei von Abwechslung in Ausdruck und Tempo. Auch seine Mimik ist angespannt, zwischen seinen Augen entsteht eine steile Falte, die seinem Gesichtsausdruck etwas Angestrengtes und Distanziertes verleiht.

Wir beginnen an der Lockerung seines Kiefers zu arbeiten. Bald fühlt er in seiner Kehle ein Gefühl der Weite, das er, wie er sagt, vorher noch nie gekannt hat. Ich zeige ihm Übungen, die seine Lippen, Gesichtsmuskeln und die Zunge lockern und gleichzeitig aktivieren und dadurch diesen Bereichen mehr Beweglichkeit verleihen. Seine Sprache wird deutlicher, der Gesichtsausdruck wirkt entspannter, nahbarer und gewinnender.

Außerdem lockern wir Andreas K.s Schultern. Er beginnt, seinen Brustkorb zu öffnen und achtet darauf, dass er seine Oberarme nicht ständig fest an den Oberkörper presst, sondern sich den Raum nimmt, der ihm zusteht. Seine Bewegungen werden freier, seine Gesten gewinnen an Natürlichkeit und Ausdrucksstärke.

Andreas K. bekommt von mir eine Zusatzaufgabe: Bei seiner nächsten Rede soll er ganz bewusst den Blickkontakt zum Publikum suchen. Er muss üben, seine Zuhörer besser wahrzunehmen. Von ihnen kommen permanent wichtige Signale, die Andreas K. als Redner hören oder sehen sollte, um darauf zu reagieren und mit seinem Gegenüber in Kontakt treten zu können.

Die Körperteile der oberen Hälfte

Die Brustwirbelsäule

Die Brustwirbelsäule ist der Abschnitt zwischen Lenden- und Halswirbelsäule. Sie besteht aus zwölf Wirbeln und weist einen Bogen nach hinten auf. Die Brustwirbelsäule ist das System, das den Körper vegetativ beeinflusst. Alle Organsysteme werden von dort versorgt. Auch die Schultern stehen mit der Brustwirbelsäule in Verbindung. Anatomisch gesehen ist sie das Konstrukt, an dem die Rippen hängen. Das bildet die Grundlage für den Schultergürtel. Ist die Brustwirbelsäule blockiert, kann auch die Schulter nicht optimal funktionieren.

Verspannungen in der Brustwirbelsäule können sich über die Schultern, den Nacken, den Kiefer und die Zunge auch auf den Kehlkopf auswirken.

Die Schultern

Sind Ihre Schultern oft verspannt? Kennen Sie beim Sprechen das Gefühl einer »engen« Kehle? Diese körperlichen Zustände treten oft gemeinsam auf. Sind die Schultern nicht locker, können auch die Bereiche nach oben oder unten hin nicht durchlässig und locker sein. Verspannungen in den Schultern verursachen Verspannungen im Nackenbereich. Diese wiederum führen zu Verspannungen in der Kehle. Genauso funktioniert es nach unten hin: Verspannungen in den Schultern können Verspannungen im Zwerchfell und im Beckenboden erzeugen.

Immer mehr Menschen neigen zu einem leicht vorgestreckten Hals, was zum Beispiel durch Bildschirmarbeit »gefördert« wird. Dadurch wird der Kehlkopf überstreckt und die Stimme klingt eng und halsig. Lockern Sie daher, wenn Sie vor dem Computer sitzen, immer wieder Nacken und Schultern.

Hände und Handgelenke

Der Körper spricht immer. Auch wenn Sie sich noch so sehr anstrengen, Anspannungen und Nervosität zu überspielen, Ihr Körper sendet verräterische Signale. Oft tut er dies über die Hände, denn sie sind – neben Stimme, Sprache und Mimik – die wichtigsten Ausdrucksmittel überhaupt. Entspannte Hände geben Auskunft über Ihr Wohlbefinden, verkrampfte Hände bringen mentale Anstrengung zum Ausdruck. Hektisches »Herumgefuchtel« zeigt, dass Sie auch innerlich unruhig sind, während ruhige und natürliche Gesten Ihre innere Stärke ausdrücken.

»Wohin mit den Händen?« – Kleiner Ausflug in die Welt der Gestik

Eine der meistgestellten Fragen in meinen Seminaren, Workshops und Coachings lautet: »Was soll ich mit meinen Händen machen«? Das Allerwichtigste dazu: Lassen Sie Ihrer natürlichen Gestik Ihren Lauf.

Außerdem gibt es für den Gebrauch der Hände vier Grundsätze:

1. *Die Hände sollen frei und locker sein.*
   Bei einem öffentlichen Redeauftritt sammelt sich in Ihrem Körper Energie. Setzen Sie diese Energie nicht frei, gibt es einen Energiestau, der zu Verspannungen im Körper und im Ausdruck führt. Damit die vermehrte Energie fließen kann, brauchen Sie sogenannte Engergieventile, über die Sie überschüssige Energie loswerden. Dies kann über die Füße geschehen, über die Atmung und die Stimme und besonders stark über die Hände und die Gestik. Handgelenke gelten als »Shockabsorber«. Das heißt, Schockenergie wird in den Handgelenken gehalten und wirkt auf den ganzen Körper und die Atmung. Halten Sie nun Ihre Handgelenke fest. Was ist mit Ihrer Atmung passiert? Höchstwahrscheinlich haben Sie in dem Moment, in dem Sie Ihre Handgelenke blockiert haben, auch Ihre Atmung angehalten. Die Atmung wird automatisch angehalten, sobald sich die Handgelenke versteifen.

Denken Sie außerdem an das Wechselspiel zwischen Bewegung und Gedanken! Sind die Hände starr, können auch die Gedanken nicht frei fließen. Sind die Gedanken blockiert, ist es auch die Sprache. Für eine frei fließende Atmung und die daraus resultierende wohlklingende Stimme, flexible Gedanken und eine flüssige Sprache sind lockere Handgelenke daher ein absolutes Muss.

2. ***Die Hände sollen sichtbar sein.***
   Verstecken Sie die Hände hinter Ihrem Rücken oder in Ihren Hosentaschen, nehmen Sie sich ein großes Maß an Ausdruck und Wirkung. Verstecken Sie Ihre Hände, können Sie nicht zur Gänze zeigen, was in Ihnen steckt und das ist schade! Auch empfinden viele Menschen das Verhalten eines Redners, dessen Hände sich in den Hosentaschen befinden, als nicht besonders wertschätzend seinem Publikum gegenüber. Sichtbare Hände vermitteln Transparenz. Vergraben Sie dagegen Ihre Hände in den Taschen, wirken Sie gleichgültig oder unsicher und werden als wenig vertrauenswürdig empfunden. Öffnen Sie Ihre Hände! Mit offenen Händen finden Sie Kontakt zu Ihren Zuhörern. Sie zeigen, dass Sie an den Menschen, mit denen Sie gerade kommunizieren, interessiert sind, dass Sie bereit sind, auf Sie einzugehen und Ihre Reaktionen auf- und anzunehmen.

3. ***Gesten oberhalb der Gürtellinie wirken positiv und aktiv, Gesten unterhalb der Gürtellinie wirken negativ und passiv.***
   Gesten, die in Bauch- oder Brusthöhe stattfinden, lassen Sie souverän und kraftvoll erscheinen und werten das, was Sie sagen, auf.

4. *Gesten von unten nach oben sind positive Gesten. Gesten von oben nach unten sind negative Gesten.*
   Hand- und Armbewegungen, die von unten nach oben führen, reißen Ihre Zuhörer mit und können sie begeistern. Sie wirken engagiert und zeigen, dass Ihnen der Inhalt Ihrer Rede ein echtes und ehrliches Anliegen ist. Führen Sie im Gegensatz dazu Ihre Bewegungen von oben nach unten, machen Sie eher den Eindruck, als würden Sie etwas oder jemanden ablehnen. Dieses Prinzip wird auch in der Uhren-Werbung eingesetzt. Wenn Sie das nächste Mal in einer Zeitschrift blättern und auf eine Anzeige für eine Uhr stoßen, werden Sie feststellen, dass die Zeiger ungefähr auf »zehn vor zwei« stehen. Die Zeiger führen eine positive Geste aus.

Der Schultern-Nackenbereich

Eine freie Schultern- und Nackenpartie ist die Voraussetzung für eine freie und klangvolle Stimme. Sind die Schultern nicht locker, können auch die Bereiche nach oben oder unten hin nicht durchlässig und locker sein. Verspannungen in den Schultern verursachen Verspannungen im Nackenbereich. Diese wiederum verursachen Verspannungen in der Kehle. Genauso funktioniert es nach unten: Verspannungen in den Schultern können Verspannungen im Zwerchfell und im Becken erzeugen. Achtung: Immer mehr Menschen neigen zu einem leicht vorgestreckten Hals, wodurch der Kehlkopf ständig überstreckt wird!

Die Halswirbelsäule

Die Halswirbelsäule besteht aus sieben Halswirbeln und ist der beweglichste Wirbelsäulenabschnitt. Sie weist beim gesunden Menschen einen Bogen nach vorne auf und gibt uns die Möglichkeit, den Kopf in alle Richtungen zu bewegen. Außerdem hat die Halswirbelsäule eine Haltefunktion. Sie ist das Bindeglied zwischen Kopf und Oberkörper. Die Halswirbelsäule beeinflusst die Kehle. Kennen

Sie das Gefühl der Enge in der Kehle, den sogenannten »Frosch im Hals«? Dieses Gefühl kann durch Spannungen in der Halswirbelsäule verursacht werden.

Der Kiefer

Eines der häufigsten Anliegen, mit denen meine Kunden zu mir kommen, ist eine deutlichere Sprechweise. Viele Menschen sprechen undeutlich und werden daher nicht gehört. Wer an seiner Artikulation arbeiten möchte, sollte beim Kiefer anfangen. Das von den Kaumuskeln bewegte Kiefergelenk gehört zu den wichtigsten Sprechorganen. Eine lockere Kiefermuskulatur ist daher unerlässlich für eine deutliche Sprache.

Aber auch der Klang der Stimme wird von der Beschaffenheit des Kiefers beeinflusst. Die Stimme kann nur befreit klingen, wenn der Bereich oberhalb der Stimmbänder frei ist. Die meisten Menschen neigen zu vermehrter Anspannung im Kieferbereich. Diese Spannungen werden oftmals durch Stress hervorgerufen. Beobachten Sie sich einmal, wenn Sie gestresst von A nach B eilen: Was macht dabei Ihre Kiefermuskulatur? Ist sie locker oder angespannt? Nicht umsonst verwenden wir Ausdrücke wie: »Die Zähne zusammenbeißen« oder »Ich beiße mich da durch«.

Blick, Mimik, Wahrnehmung und die Frage: Was hat das alles mit »Präsenz und Ausstrahlung« zu tun?

»Mehr Präsenz und Ausstrahlung« wünschen sich viele Menschen, die zu mir ins Training kommen. Aber was bedeutet dies eigentlich? Oft schildern meine Kunden ihre Erfahrung mit Redeauftritten so: »Während der Präsentation fühle ich mich wie in einem Tunnel. Ich bekomme nicht mit, was rund um mich herum passiert und kann mich hinterher auch an nichts mehr erinnern. Ich weiß nicht mehr, was ich gesagt habe, wie ich es gesagt habe und auch nicht, wer alles im Raum war. Ich weiß nur, dass ich froh bin, dass das Ganze endlich vorbei ist.«

Sollten Sie vor Redeauftritten Tipps erhalten wie: »Augen zu und durch«, »beiß die Zähne zusammen und los geht's«: Vergessen Sie es! Um präsent zu wirken, müssen Sie in jeder Sekunde Ihres Redeauftritts geistig anwesend, also im Hier und Jetzt sein. Mit »Augen zu und durch« hat »Präsenz« also rein gar nichts zu tun.

»Präsenz« kommt von »Präsens« (= Gegenwart). Wenn Sie vor Ihrer Rede auf »Autopilot« schalten und sich geistig davonstehlen, werden Sie eine natürliche Präsenz nicht erreichen. Auch dann nicht, wenn Sie während Ihrer Rede über Wochenendgestaltung, mögliche Kinderbetreuung und Kochrezepte nachdenken.

Bleiben Sie mit Ihren Gedanken da, wo Ihre Füße stehen: im Hier und Jetzt. Genießen Sie Ihren Redeauftritt Moment für Moment, Wort für Wort. So wird es Ihnen auch leicht fallen, Ihre Wahrnehmung zu öffnen. Sie müssen während eines Redeauftritts zu jeder Zeit wissen, was rund um Sie herum gerade geschieht. Vor einiger Zeit war ich bei einem Vortrag. Plötzlich hat der Wind ein Fenster ständig auf- und zugeschlagen. Alle im Raum haben die störenden Geräusche wahrgenommen und zu dem Fenster geblickt – nur der Redner nicht. Er war so in seinen Gedanken versunken, dass er nichts um ihn herum gesehen oder gehört hat. Leider hat er auch nicht bemerkt, dass ca. 80% der Zuhörer dem Fenster längst mehr Beachtung schenkten als ihm.

Der Weg zu einer optimalen Wahrnehmung erfolgt über das Hören und über das Sehen. Über den Blick. Dass man, wenn man eine Rede hält, das Publikum anschauen sollte, hat sich, wie ich denke, bereits herumgesprochen. An*schauen* reicht meiner Meinung aber noch lange nicht aus. Es gibt einen großen Unterschied zwischen »anschauen« und »ansehen«. »Schaut« jemand, heißt das noch lange nicht, dass er auch wirklich sieht.

Vor einiger Zeit habe ich eine Rednerin kennengelernt, die kleine Smileys in ihre Präsentationsunterlagen gemalt hat. Auf meine Frage hin, warum sie dies mache, hat sie geantwortet: »Damit ich während meines Auftritts nicht vergesse zu lächeln!« Von dieser Technik halte ich persönlich gar nichts. Ist Ihr Blick aktiv und Ihre Wahrnehmung geöffnet, brauchen Sie keine Smileys. Ein wacher Blick ist der kürzeste Weg in die Herzen Ihrer Zuhörer. Und der kürzeste zu einer natürlichen Mimik.

Ja, Reden hat mit »Senden« zu tun. Aber auch eine ganze Menge mit »Empfangen«. Nicht nur der Redner sendet Botschaften, auch das Publikum tut dies, wenn auch meist »nur« nonverbal. Diese Botschaften müssen Sie als Redner wahrnehmen um darauf reagieren zu können! Tun Sie dies, wird Ihre Redaktion immer natürlich und angemessen sein – und Ihr Lächeln immer echt. Jedes falsche Lächeln wird vom Zuhörer sofort als solches enttarnt. Woran man es erkennt? Ganz einfach: Die Augen lächeln nicht mit.

Im Übrigen muss man während eines Redeauftritts nicht ständig lächeln. Permanentes Lächeln ist eher ein Zeichen von großer Unsicherheit und Unterwürfigkeit. Lächeln Sie, wenn es zu Ihrem Inhalt und zur Situation passt und denken Sie nicht darüber nach, wann und wie Sie am besten lächeln sollten. Lassen Sie Ihre Mimik voll und ganz Ihrer Wahrnehmung folgen. Über eine geöffnete Wahrnehmung bekommen Sie echten Kontakt zum Publikum – und Sie bleiben mit sich selbst in Kontakt. Nur bei einem Menschen, der mit sich selbst in Kontakt ist, kann nach außen strahlen, was in ihm ist.

Zusammenfassung: »Präsenz« erhalten Sie, indem Sie geistig im Hier und Jetzt sind und aktiv wahrnehmen, was rund um Sie herum passiert. Über einen wachen Blick erhalten Sie Kontakt zu Ihren Zuhörern, daher ist es wichtig, dass Sie *sehen* und nicht bloß *schauen*.

»Ausstrahlung« bekommen Sie über den Kontakt zu sich selbst. Aber was heißt »in Kontakt mit sich sein«? In puncto »Kontakt mit sich selbst« gibt es zwei Möglichkeiten, einen Redeauftritt zu absolvieren:

1. Der Redner spult sein Programm, das er sich vorgenommen hat, ab, ohne dabei auf die Zuhörer, den Raum und die äußeren Einflüsse (Gerüche, Geräusche) zu achten. Er redet und absolviert seinen Redeauftritt »wie auf Schienen« unter dem Motto: »Augen zu und durch«. Seine Wahrnehmung, sowohl sich selbst gegenüber als auch dem Publikum gegenüber, ist eingeschränkt. Er hat Angst, sich auf die Gegenwart, die Redesituation und das Publikum einzulassen. Durch seine eingeschränkte Wahrnehmung ist er nicht in der Lage, während der Rede auch nur irgendetwas spontan zu verändern. Er ist somit nicht reaktions- und handlungsfähig. Das Ergebnis: Der Vortrag ist vorhersehbar, austauschbar und langweilig. Die Zuhörer fühlen sich nicht angesprochen, der Redner vermag nicht zu begeistern und hinterlässt keinen bleibenden Eindruck. Er ist hinterher froh, dass »alles schnell vorbei war«. Er empfindet es als Glück, dass nichts Unvorhergesehenes passiert ist. Für ihn ist öffentliches Reden eine Angelegenheit, in der er völlig fremdbestimmt agiert.

2. Der Redner absolviert seinen Redeauftritt ganz bewusst und wach. Er folgt seiner Struktur und nimmt dabei in jeder Sekunde das Publikum, den Raum und die äußeren Umstände wahr und reagiert angemessen und natürlich darauf. Somit wirkt er authentisch und bleibt handlungsfähig. Seine aktive Wahrnehmung ermöglicht es ihm, Dinge während seiner Rede zu verändern und auf die Bedürfnisse und Reaktionen der Zuhörer einzugehen. Der Redeauftritt ist spannend und unterhaltsam und voller Überraschungen. Das Publikum fühlt sich angesprochen, der Redner fühlt sich wohl und hinterlässt bei seinen Zuhörern einen bleibenden Eindruck.

Er selbst genießt seinen Redeauftritt ohne Angst vor Ungeplantem und Unvorhergesehenem. Er weiß, dass er während seines Auftritts selbst dafür verantwortlich ist, was er sagt, wie er sagt und was er dabei tut.

Ja, die Wahrnehmung zu öffnen, den Blick zu schärfen und sich gedanklich vollkommen ins Hier und Jetzt zu begeben, ist immer ein wenig wie ein Sprung ins kalte Wasser. Aber glauben Sie mir: Dieser Sprung lohnt sich immer! Reden ist eine selbstbestimmte Angelegenheit. Sie entscheiden, was Sie sagen, wie Sie es sagen, wohin Sie dabei sehen, ob Sie stehenbleiben oder einige Schritte machen, ob Sie Pausen einlegen oder das Tempo verändern. Sie haben in jeder Sekunde die Wahl: Mache ich weiter wie bisher oder verändere ich etwas? Auch vor Fehlern müssen Sie keine Angst haben. Ob eine »falsche« Körperhaltung, nicht vorhandener Blickkontakt zum Publikum, undeutliches Sprechen: Sie nehmen wahr, dass dies passiert ist, verändern es – und machen weiter. Moment für Moment. Atemzug für Atemzug. Körperlich und gedanklich im Hier und Jetzt. Präsent und voller Ausstrahlung.

Die Gesichtsmuskeln

Sind Ihre Gesichtsmuskeln locker und aktiv, klingt Ihre Sprache deutlich und Ihre Stimme natürlich und frei. Haben Sie schon einmal einen Redner erlebt, bei dem sich das Gesicht kaum bewegt? In diesem Fall ist die Sprache meist monoton und völlig frei von Abwechslung. Angespannte Gesichtsmuskeln wiederum können Ihnen beim Sprechen einen angestrengten und überforderten Ausdruck verleihen. Auch ein »böser« Blick kann das Ergebnis angespannter Gesichtsmuskeln sein. Locker Sie Ihre Gesichtsmuskeln daher vor Redeauftritten, indem Sie diese zusammenkneifen, als hätten Sie in eine saure Zitrone gebissen. Halten Sie die Spannung ca. zehn Sekunden und dann lassen Sie wieder los. Wiederholen Sie die Übung drei Mal.

Übung

Die Zunge

Wo liegt jetzt gerade, während Sie diese Zeilen lesen, Ihre Zungenspitze? Wo liegt Ihre Zungenspitze, wenn Ihr Mund geschlossen ist? Auf diese Frage gibt es nur eine einzige richtige Antwort: Die Zungenspitze liegt zentral hinter den oberen Schneidezähnen auf dem kleinen Wulst, der Alveolarrand genannt wird. Sollten Sie jetzt festgestellt haben, dass Ihre Zunge am falschen Ruheplatz liegt, rate ich Ihnen, einen Logopäden aufzusuchen.

Die richtige Zungenruhelage ist sehr wichtig:

- für das korrekte Schlucken,
- für die Regulierung der Atemfunktion,
- für die Bildung der Konsonanten »l, n, t, d«.

Die Voraussetzung für eine freie Kehle ist eine lockere Zunge und ein lockerer Zungenbeinmuskel.

Die Zunge ist ein schleimhautüberzogener Muskelkörper, der am Mundboden befestigt ist. Sie ist verantwortlich für die Lautbildung, aber natürlich auch für die Aufnahme und Verarbeitung von Nahrung. Und sie ist ein wichtiges Sinnesorgan.

Die Zunge besteht aus drei Teilen: aus dem Zungenkörper, der Zungenspitze und der Zungenwurzel. Die Zungenwurzel setzt sich bis zum Rachenraum und zum Kehldeckel fort. Somit ist die Zunge mit dem Kehlkopf verbunden. Das bedeutet, dass Verspannungen in der Zunge Einfluss auf die Bildung des Tons haben. Die Stimmbildung (Phonation) nämlich erfolgt durch das Stimmorgan Kehlkopf.

Der Zungenbeinmuskel ist einer der kräftigsten Muskel im Körper. Wann immer er kontrahiert, verschließt der Kehldeckel den Kehlkopf und damit die Luftröhre. So findet die Nahrung den Weg in die dahinter liegende Speiseröhre und wir verschlucken uns nicht. Beim Sprechen muss der Zungenbeinmuskel möglichst entspannt sein. Nur dann kann sich der Kehldeckel aufrichten und unserer Stimme den Weg frei machen.

Sie können Ihr Zungenbein ertasten, indem Sie Ihren Daumen in die Mulde unter dem Kinn legen. Wenn Sie nun schlucken, werden Sie den Druck des Zungenbeins spüren, denn es spannt sich an. Ist das Zungenbein ständig angespannt, erreichen die Schwingungen des Stimmklangs nur schwer die Resonanzräume des Kopfes. Die Folge: Die Stimme klingt gepresst, kehlig und dumpf.

Die Mulde unter dem Kinn wird in der Bioenergetik übrigens »das emotionale Nest des Menschen« genannt. Bei Konflikten, Traurigkeit oder in Stresssituationen gilt oft: Wir »schlucken unsere Gefühle hinunter« und »beißen uns da durch«.

Lassen Sie mehrmals am Tag ganz bewusst Ihr Zungenbein und Ihren Zungenmuskeln locker. Legen Sie einen Daumen in die Mulde unter dem Kinn und summen Sie leise. Nehmen Sie dabei den Klang in Ihren Kopfräumen wahr und genießen Sie das Gefühl der befreiten Stimme!

Der Gaumen

Der Gaumen ist der Boden der Nasenhöhlen und das Dach der Mundhöhle. Die vorderen zwei Drittel des Gaumens werden als »harter Gaumen« (Palatum durum) bezeichnet. Der hintere Teil ist der sogenannte »weiche Gaumen« (Palatum molle). Der weiche Gaumen wird wegen seiner Form und Beweglichkeit oftmals nur als »Gaumensegel« bezeichnet. Das Gaumensegel setzt sich nach hinten unten in das Zäpfchen fort und spielt eine wichtige Rolle beim Schlucken und bei der Artikulation.

Der Schädel

Das Schädeldach ist die oberste der ständig miteinander kommunizierenden horizontalen Ebenen im Körper (Füße, Beckenboden, Zwerchfell, Stimmbänder, Mundboden, Gaumen). Im Schädel befinden sich viele Resonanzräume. Er ist wichtig für die Kopfresonanz und somit für einen hellen Stimmklang – also für die Bereiche der Stimme, die Freude, Begeisterung, Engagement und Lebendigkeit zum Ausdruck bringen.

Der Schädel ist auch wichtig für das Gefühl des durchlässigen Körpers, den man für einen authentischen und wohlklingenden Stimmklang braucht. Stellen Sie sich das Schädeldach als schwingendes Element vor: So können Sie besser die Körperdurchlässigkeit erspüren!

Teil 2

Übungen für überall ...

... und zwischendurch

Reden zu können ist kein Geschenk des Himmels, sondern eine Fertigkeit. Eine Fertigkeit, die Sie am besten dann erlernen, wenn Sie: Reden!

Ich bin davon überzeugt, dass durch Achtsamkeit und Übung jeder Mensch lernen kann, selbstsicher vor ein Publikum zu treten, mit einer klangvollen und authentischen Stimme klar zu sprechen und überzeugend und souverän zu wirken. Bei den Menschen, die an ihrer Stimme und an ihrem persönlichen Auftreten arbeiten wollen, ist meiner Erfahrung nach der Wunsch, eine Veränderung und Weiterentwicklung zu beginnen, absolut gegeben. Sie gehen den ersten Schritt, indem sie ein Seminar oder eine Einzeltrainingsstunde besuchen und sind hochmotiviert.

Leider scheitern viele von ihnen auf halber Strecke, weil sie irgendwann aufhören zu üben: »Mein Terminkalender ist so voll, ich weiß nicht, wann ich da auch noch meine Übungen machen soll« ist ein Satz, den ich von Menschen, mit denen ich arbeiten durfte, schon oft gehört habe.

»Sprechen lernen« passiert nicht von heute auf morgen, sondern ist ein Prozess über Wochen, Monate und Jahre. Im Grunde genommen hört dieser Prozess niemals auf. Ähnlich ist es beim Sport oder bei der Ernährungsumstellung. Der wochenlange Verzicht auf alles Süße und fettiges Fast Food bringt nichts, wenn ich in den darauffolgenden Wochen das Doppelte davon verzehre. Ein dreimaliger Besuch im Fitnessstudio bringt nichts, wenn man den Rest des Jahres faul auf dem Sofa verbringt.

Als ich vor ein paar Monaten wieder einmal – diesmal von einer engagierten und vielbeschäftigten Journalistin und Mutter – das »Leider keine Zeit zum Üben«-Argument gehört hatte, beschloss ich, mir etwas einfallen zu lassen. Mein Ziel war es, eine Übungsreihe zu konzipieren, die sich mühelos in Ihren Alltag integrieren lässt.

Um an der eigenen Stimme zu arbeiten und reden zu lernen, braucht es weder einen speziellen Ort noch zusätzliche Zeit im Tagesablauf. Denn: Jeder redet ohnehin immer und überall. Diese »Ohnehin-Redezeit« können Sie ab sofort zum Üben nützen. Ihr Bett, Ihr Auto, Ihr Sofa: wunderbare Übungsorte! Im Alltag finden sich unzählige Situationen, die Sie für Ihre Stimm-, Atem- und Körperübungen nützen können: in der Warteschlange im Supermarkt, beim Zähneputzen oder gleich nach dem Aufwachen. Sie selbst entscheiden, ob Sie diese Momente unbeachtet vorüberziehen lassen oder ob Sie sie ganz bewusst dazu nützen als Redner noch besser zu werden und sich einen Moment mit sich selbst zu schenken.

Damit Sie, während Sie damit beschäftigt sind, Ihr Leben effizient zu meistern, das Allerwichtigste nicht vergessen: sich selbst!

Guten Morgen!

... einen langen Atem beweisen – schon in der Früh! Dann lebt sich's auch gelassener!

Wie oft schon sind Sie morgens von Ihrem Wecker geweckt worden und konnten/wollten nicht gleich aufstehen? Auch mir als ausgesprochenem Morgenmenschen fällt es oft schwer, gleich motiviert aus dem Bett zu springen. Die Glieder fühlen sich schwer an wie Blei, der Geist ist noch nicht ganz wach.

In den letzten Jahren habe ich mir angewöhnt, die Minuten des Erwachens – noch im Bett liegend – bewusst zu nutzen, um mich mental auf den kommenden Tag einzustimmen. Ich stelle mir jeden Morgen zwei Fragen: »Worauf freue ich mich heute?« und »Wofür lohnt es sich heute aufzustehen?«

Diese mentale Übung kombiniere ich mit einer kleinen Atemübung, um meinen Körper mit Sauerstoff zu füllen. Danach steige ich aus dem Bett. Mein Instrument Körper ist wach, die Gedanken sind fokussiert – der Tag kann kommen!

»Aufffffffgewacht!«

So geht's:

- Rückenlage. Die Füße fallen auseinander, die Hände liegen neben dem Körper, die Handflächen zeigen nach oben, die Augen sind geschlossen. Die Bauchmuskeln sind entspannt, der Kiefer ist locker, die Zungenspitze liegt hinter den oberen Schneidezähnen. Die Lippen liegen locker aufeinander, die Zähne haben keinen Kontakt.
- Nehmen Sie die natürliche Atmung wahr: Wohin fließt Ihre Atmung?
- Legen Sie die Hände auf den Unterbauch. Die Bauchmuskeln sind nach wie vor entspannt. Bei der Einatmung hebt sich die Bauchdecke, bei der Ausatmung senkt sich die Bauchdecke.
- Warten Sie nach der Ausatemphase, bis sich Ihr Körper von allein einen neuen Atemzug holt.
- Lassen Sie die Atmung auf einem langen »f« aus Ihrem Körper fließen.
- Atmen Sie solange aus, bis Ihre Ausatmung wirklich zu Ende ist.
- Danach holt sich der Körper von alleine einen neuen Atemzug.
- 3 – 5 Mal wiederholen.

Das bringt's:

Sauerstoff wird in den Körper befördert. Gut gegen Müdigkeit, hilft bei Stress und Lampenfieber. Das Atemvolumen wird vergrößert. Lockert die »obere« Körperhälfte, stärkt die »untere« Körperhälfte.

Bonusübung für eine positive innere Haltung:

Überlegen Sie, während Sie die Atmung aus- und einströmen lassen: Worauf freuen Sie sich heute?

fff

»Gähn-Stretch«

So geht's:

- Führen Sie Ihre Arme über dem Kopf zusammen.
- Während die ausgestreckten Arme langsam nach unten wandern, gähnen Sie laut.
- Geben Sie beim Gähnen einen Laut von sich. Fangen Sie in einer hohen Lage der Stimme an und rutschen Sie nach unten.

Das bringt's:

Sorgt für ein Gefühl der Weite im oberen Bereich des Körpers. Rückenmuskulatur, Schultern und Kiefergelenke werden gelockert. Die Stimme wird in Schwung gebracht, das Zwerchfell wird aktiviert. Lockert die »obere« Körperhälfte.

»Gummigesicht«

So geht's:

- Stellen Sie sich vor, Ihr Gesicht wäre aus Gummi.
- Bewegen Sie Ihr Gesicht. Nehmen Sie die Gesichtsmuskeln einzeln wahr: Legen Sie die Stirn in Falten, rümpfen Sie die Nase, ziehen Sie die Augenbrauen hoch.
- Spannen Sie die einzelnen Muskeln kurz an und entspannen Sie sie danach wieder.

Das bringt's:

Sorgt für eine deutliche Sprache und für einen wachen Blick.
Lockert und aktiviert die »obere« Körperhälfte.

mmaaa

»Regentanz«

So geht's:

- Die Füße haben guten Kontakt zum Boden, die Knie sind flexibel, das Becken ist gerade, die Bauchdecke entspannt. Die Lippen liegen locker aufeinander, obere und untere Zahnreihe berühren einander nicht.
- Aus der Mitte des Körpers steigt ein Ton auf, der hinter den Lippen gesammelt wird. Summen Sie nun leise auf »mmmmm«. Stellen Sie sich dabei vor, dass Sie den Ton nicht wegschieben, sondern herziehen!
- Nun öffnen Sie die Lippen mindestens einen Finger, maximal zwei Finger weit. Der Ton wird in die Ferne entlassen, Sie tönen ein »mmmmmaaaaaaaa«.
- Wiederholen Sie die Übung, so oft Sie wollen.

Das bringt's:

Resonanzübung und Stimmmassage. Bereitet die Stimme auf ihren Redeeinsatz vor und wirkt entschleimend. Unterstützt Sie außerdem beim Finden der Indifferenzlage, die die natürliche Stimmlage eines Menschen ist. Also jene Stimmlage, in der man sich beim Sprechen am Wenigsten anstrengt und in der man stundenlang sprechen kann, ohne heiser zu werden. Lockert die »obere« Körperhälfte.

»Lippenflattern«

So geht's:

- Guter Bodenkontakt, die Füße stehen parallel und hüftknochenbreit. Die Knie sind flexibel, die Bauchmuskeln sind entspannt.
- Die Lippen liegen locker aufeinander, obere und untere Zahnreihe berühren einander nicht. Einatmen: Die Atmung strömt in den Bauch, die Bauchdecke hebt sich.
- Ausatmen: Luft wird durch die geschlossenen Lippen geblasen. Die Lippen »flattern«.
- Die Übung funktioniert mit und ohne Ton.

Das bringt's:

Aktiviert die Lippen und sorgt dadurch für eine deutliche Sprechweise. Bauch und Beckenboden werden ebenfalls aktiviert. Lockert und aktiviert die »obere« Körperhälfte.

b-d-g

»b-d-g«

So geht's:

- Sie benötigen für eine deutliche Sprache und eine klangvolle Stimme Ihre Lippen (»b«), Ihre Zungenspitze (»d«) und den weichen Gaumen (»g«).
- Artikulieren Sie nacheinander und überdeutlich: b – d – g.
- Beginnen Sie ganz langsam, nach und nach können Sie das Tempo erhöhen: b-d-g-b-d-g-b-d-g-b-d-g-b-d-g-...

Variationsmöglichkeiten:

- g-d-b-g-d-b-g-d-b-g-d-b-g-d-b-g-d-b-...
- b-d-g-g-d-b-b-d-g-g-d-b-b-d-g-g-d-b-b-d-g-g-d-b-...
- b-d-g-d-b-d-g-d-b-d-g-d-b-d-g-d-b-d-g-d-b-d-g-d-...
- g-d-b-d-g-d-b-d-g-d-b-d-g-d-b-d-g-d-b-d-g-d-b-d-...
- b-d-g-d-g-d-b-d-b-d-g-d-g-d-b-d-b-d-g-d-g-d-b-d-...

Das bringt's:

Bereitet die Stimme auf ihren Sprecheinsatz vor. Aktiviert Lippen und Zunge und lockert den Gaumen. Erhöht die sprachliche Flexibilität. Konzentrationsübung. Lockert die »obere« Körperhälfte.

»3-Punkte-Stand«

So geht's:

- Drei Punkte Ihrer Fußsohlen unterstützen den Körper dabei, zu einer guten Haltung zu finden: die Ballen der beiden großen Zehen, die Ballen der kleinen Zehen und die Mitte der Fersen.
- Sie beginnen mit dem rechten Fuß: Drücken und massieren Sie den Ballen der großen Zehe in den Boden. Danach machen Sie das Gleiche mit dem Ballen der kleinen Zehe und der Mitte der Ferse. Heben Sie nun den rechten Fuß ein klein wenig hoch.
  Vorstellung: Die drei soeben aktivierten Punkte sind ein Stecker, den Sie nun mit dem Boden verbinden. Sie stecken sich quasi fest.
- Wahrscheinlich fühlt sich Ihr Körper nun ein wenig schief an. Wiederholen Sie das Ganze mit den drei »Steckerpunkten« des linken Fußes: Ballen der linken großen Zehe in den Boden massieren, Ballen der linken kleinen Zehe in den Boden massieren, Mitte der Ferse fest in den Boden drücken. Den linken Fuß hochheben und die drei Punkte mit dem Boden verbinden.

Das bringt's:

Aktiviert die Füße. Sorgt für einen festen Stand (Standpunkte!) und für eine aufrechte Körperhaltung. Ist die Grundlage für das optimale Zusammenspiel der horizontalen Ebenen im Körper (Füße, Beckenboden, Zwerchfell, Stimmbänder, Mundboden, Gaumen, Schädeldach).

mmmm

»Rückenwind«

So geht's:

› Mit breit gegrätschten Beinen aufrecht stehen. Die Füße stehen parallel und zeigen nach vorn.

› Den Oberkörper langsam und Wirbel für Wirbel – bei der Halswirbelsäule beginnend – abrollen.

› Sobald der Oberkörper nach unten hängt, Rücken und Nacken entspannen, den Kopf locker hängen lassen und zum Föhn greifen.

› Tief ein- und ausatmen. Beim Ausatmen ein langes »mmm« tönen. Dabei liegen die Lippen locker aufeinander, der Mund ist innerlich ganz weit.

Das bringt's:

Stimmmassage. Bringt die Stimme in die natürliche Stimmlage. Wirkt entschleimend. Verbessert die Haltung. Stärkt die »untere« Körperhälfte. Lockert die »obere« Körperhaltung.

»Zungenstrecker«

So geht's:

- Der Unterkiefer hängt locker und entspannt, der Mund ist leicht geöffnet.
- Die Zungenspitze berührt die Innenseite der unteren Schneidezähne und bleibt an diesem Platz während der gesamten Übung.
- Die Zunge ist entspannt und breit und dehnt sich nach vorne und wieder zurück. Die Oberlippe hebt sich ein wenig, sodass die Zunge beim nach vorne Strecken keinen Kontakt zu den Lippen hat.
- Der Unterkiefer bewegt sich während der gesamten Übung nicht. Halten Sie mit einer Hand Ihren Unterkiefer fest, um Spannungen zu vermeiden.
- Wiederholen Sie die Übung abwechselnd mit und ohne Ton.

Das bringt's:

Lockert und aktiviert Zunge und Kehlkopf. Stimmübung. Lockert und aktiviert die »obere« Hälfte.

»Zeitlupensprache«

So geht's:

› Sie suchen sich in der Zeitung eine Textpassage aus, die Sie interessiert.
› Sie lesen den Text ganz langsam und überdeutlich – wie in Zeitlupe.
› Sie »kosten« jeden Konsonanten und jeden Vokal aus und setzen Lippen, Zunge, Kiefer und mimische Muskeln ganz bewusst ein.

Das bringt's:

Macht die Sprache deutlicher. Aktiviert die Sprechwerkzeuge Lippen, Zunge, Kiefer und Gesichtsmuskeln. Nimmt Druck von der Kehle. Aktiviert und lockert die »obere« Körperhälfte.

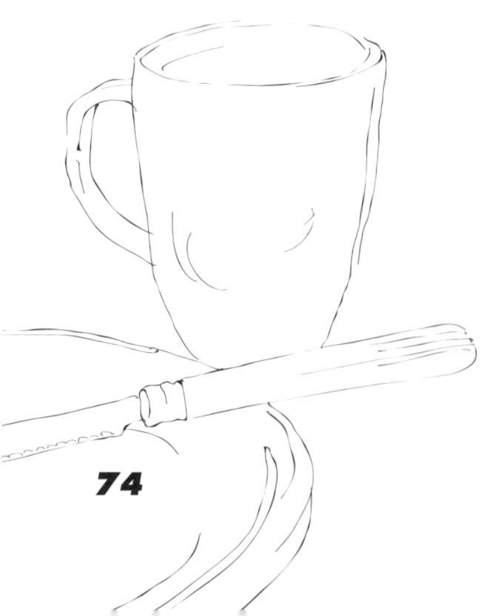

munung-munung-munung

»Guten MUNUNG«

So geht's:

- Die Bauchdecke ist entspannt.
- Sprechen Sie ganz bewusst: »munung-munung-munung«.
- Nach »munung-munung-munung« holt sich der Körper von allein einen tiefen, neuen Atemzug, der in den Bauch fließt.
- Spüren Sie beim »m« die Vibrationen im Schädel.
- Formen Sie ein überdeutliches »u«.
- Spüren Sie beim »n« die Vibrationen hinter den oberen Schneidezähnen.
- Spüren Sie beim »ng« (wird ohne hörbares »g« gesprochen) die Vibrationen am Gaumen.
- Variationsmöglichkeiten: »manang-manang-manang« (beim »a« ist der Mund mindestens einen Finger und maximal zwei Finger breit geöffnet), »monong-monong-monong«, »mining-mining-mining«, »meneng-meneng-meneng«, »mününg-mününg-mününg«, »mönöng-mönöng-mönöng«.

Das bringt's:

Warm Up für Stimme und Atmung. Finden der natürlichen und ökonomischsten Stimmlage. Lockert und aktiviert die obere Hälfte.

Guten Tag!

... kleine Auszeiten zwischendurch sind besser als gar keine!

An turbulenten Tagen, an denen ich atemlos von Termin zu Termin hetze, denke ich oft an die Geschichte vom Wasserkrug: Der Krug unseres Lebens muss immer wieder aufgefüllt werden, um Wasser spenden zu können. Ist der Krug leer, kann er kein Wasser mehr spenden. Je mehr Wasser im Krug ist, umso mehr kann man abgeben. Ist der Lebenskrug so angefüllt, dass er von selbst überläuft, ist das Geben vollkommen mühelos und der Krug wird nie mehr ganz leer.

Wir können nur in die Welt leuchten und eine gelungene Kommunikation mit anderen Menschen führen, wenn wir uns zwischendurch mit uns selbst verbinden. Es kann nur wirken, was in uns ist. Alle Schönheit leuchtet aus dem Inneren und wird hörbar gemacht durch die Stimme.

»Haltungspunkte«

So geht's:

- »Aufrechte Körperhaltung« bedeutet nicht, dass Sie stocksteif dastehen und sich nicht bewegen. Eine aufrechte Körperhaltung ist immer dynamisch, niemals statisch.
- Beachten Sie für eine optimale Körperhaltung folgende Punkte:
  1. Füße: Die Füße sind hüftknochenbreit und parallel. Guter Bodenkontakt (3- Punkte-Stand)!
  2. Knie: Die Knie sind locker und flexibel. Lockere, nicht durchgestreckte Knie sind die Voraussetzung für eine entspannte Bauchmuskulatur.
  3. Becken: Das Becken ist gerade.
  4. Bauch: Die Bauchmuskeln sind entspannt. Nur mit einer lockeren Bauchmuskulatur ist es möglich, tiefe Atemzüge in den Bauch fließen zu lassen.
  5. Brustkorb: Der Brustkorb ist offen.
  6. Schultern: Die Schultern sind entspannt.
  7. Kopf: Der Kopf ist gerade.
- Checken Sie diese Punkte immer wieder. Nach einer Weile nimmt Ihr Körper automatisch diese Körperposition ein.

Das bringt's:

Ihre Atmung kann in den Bauch fließen, die Stimme entfaltet ihren vollen Klang. Gute Redner finden eine Ausgangsposition und verändern ihre Haltung während ihres Vortrages immer wieder. Ist diese Körperhaltung einmal automatisiert, sind Sie in der Lage, in jeder Situation Ihr Gleichgewicht und Ihre Mitte zu finden. Bringt Standfestigkeit. Stärkt die »untere« Körperhälfte.

»Kiefermuskelmassage«

So geht's:

- Die Lippen sind geschlossen und liegen locker aufeinander. Die Kiefermuskulatur ist entspannt, die Zunge liegt locker im Mund, die Zungenspitze befindet sich hinter den oberen Schneidezähnen.
- Massieren Sie mit den Handwurzeln Ihre Kiefergelenke.
- Nun umfassen beide Hände Ihren Unterkiefer und schütteln ihn nach unten und oben aus. Der Unterkiefer ist passiv, die Hände sind aktiv.
- Abwechselnd schnelle und langsame Schüttelbewegungen.

Das bringt's:

Lockert die Kiefermuskulatur. Sorgt somit für eine deutliche Sprechweise und einen verbesserten und vollen Stimmklang. Lockert die »obere« Körperhälfte.

»Korkenübung«

So geht's:

- Gähnen Sie, massieren Sie Ihre Kiefergelenke, schütteln Sie mit beiden Händen sanft Ihren passiven Unterkiefer aus.
- Nehmen Sie einen Korken zwischen die Schneidezähne und beißen Sie so fest zusammen, dass Sie den Korken zwischen den Zähnen halten können und Ihre Kiefermuskulatur dennoch entspannt bleibt.
- Versuchen Sie, möglichst langsam und deutlich zu sprechen. Formen Sie Vokale und Konsonanten sehr sorgfältig und genau.
- Nachdem Sie den Text mit dem Korken im Mund gesprochen haben, nehmen Sie diesen aus dem Mund. Wiederholen Sie nun den Text ohne Korken.

Wichtig:

Lockern Sie unbedingt immer Ihre Kiefermuskulatur, bevor Sie mit der Korkenübung beginnen! Tun Sie dies nicht, kann diese Übung zu unangenehmen Verspannungen in der Kiefermuskulatur führen.

Das bringt's:

Verbessert die Artikulation und sorgt für eine deutliche Sprache. Die Kehle wird entspannt, der Stimmklang voller. Aktiviert die »obere« Körperhälfte.

»Waldbodenspaziergang«

So geht's:

› Nackte Füße.

› Ausatmen: Den rechten Fuß von der Ferse beginnend abrollen.
Den Abschluss der Rollbewegung macht der Großzehenballen.
Vorstellung: Sie hinterlassen einen Abdruck im Boden.

› Einatmen: Den linken Fuß heben.

› Ausatmen: Von der Ferse ausgehend den linken Fuß abrollen, zuletzt ist wieder der Großzehenballen dran.

› Einatmen: Den rechten Fuß heben.

› Ausatmen: Den rechten Fuß von der Ferse beginnend abrollen, usw.

› Tönen Sie während der Abrollbewegung ein »mmmm« oder sprechen Sie dabei einzelne Wörter oder ganze Satzzeile.

Das bringt's:

Aktiviert die Füße, entlastet die Kehle und bringt die Stimme in den Körper. Erleichtert das Einprägen und Üben von Texten. Aktiviert und stärkt die »untere« Körperhälfte.

mmmm

ki ke ka ko ku

»Kochlöffel ki-ke-ka-ko-ku«

So geht's:

› Gut geerdet und aufrecht stehen.
› Bauchdecke, Schultern und Kiefer sind locker.
› Sprechübung: ki-ke-ka-ko-ku
› Langsam und deutlich beginnen, dann das Tempo immer mehr steigern.
› Variationsmöglichkeiten:
  › mi-me-ma-mo-mu
  › ni-ne-na-no-nu
  › bi-be-ba-bo-bu
  › ti-te-ta-to-tu
  › gi-ge-ga-go-gu
  › pi-pe-pa-po-pu
  › di-de-da-do-du
  › si-se-sa-so-su
  › schi-sche-scha-scho-schu
  › li-le-la-lo-lu
  › wi-we-wa-wo-wu

Das bringt's:

Steigert die Geläufigkeit. Sorgt für mehr Deutlichkeit beim Sprechen.
Aktiviert die »obere« Körperhälfte.

»Der bewegte Stand«

So geht's:

› Kombi-Übung: »3-Punkte-Stand«, richtige Körperhaltung, Ausatmen auf »fff« und Beckenboden-Aktivierung.
› Vorstellung: Die Ballen der großen Zehen, die Ballen der kleinen Zehen und die Mitten der Fersen sind ein Stecker, den Sie mit dem Boden verbinden. Sie »stecken« sich am Boden fest und nehmen den intensiven Kontakt der Füße zum Boden wahr.
› Lockere Knie, gerades Becken, entspannte Bauchmuskeln, offener Brustkorb, lockere Schultern, entspannter Nacken, gerader Kopf.
› Vorstellung: Sie werden an einem Faden, der an Ihrem Hinterkopf befestigt ist, hochgezogen.
› Sie warten ab, bis sich Ihr Körper von allein einen tiefen Atemzug holt, der in den Bauch fließt.
› Sie atmen auf einem gleichmäßigen »fff« aus und aktivieren beim Ausatmen den Beckenboden, indem Sie ein imaginäres Schwämmchen, das sich zwischen Anus und Geschlecht befindet, hochziehen.
› Ausatmen: Der Beckenboden ist aktiv.
› Einatmen: Der Beckenboden ist locker.

Das bringt's:

Sorgt für eine gute Erdung und eine bewusste Körperhaltung und einen durchlässigen Körper. Vertieft die Atmung und vergrößert das Atemvolumen. Stärkt die »untere« Hälfte.

fff

mmm

»Kreis das Bein!«

So geht's:

- Aufrecht hinstellen, die Füße sind hüftknochenbreit auseinander.
- Guter Bodenkontakt (3-Punkte-Stand), die Knie sind locker.
- Rücken gerade ausrichten (Scheitel zieht gen Himmel), Schultern senken.
- Beckenboden aktivieren. (Vorstellung: Schwämmchen zwischen Anus und Geschlecht wird hochgezogen.)
- Rechtes Bein heben, langsam aus der Hüfte heraus kreisen.
- Rechten Fuß kontrolliert und langsam Zentimeter für Zentimeter wieder aufsetzen, den Boden »ertasten«.
- Der Beckenboden bleibt bis zum vollständigen Aufsetzen des Fußes aktiv.
- Rechter Fuß steht wieder am Boden: Beckenboden loslassen, Bauchmuskeln entspannen.
- Mund öffnen.
- Knie lockern. (Der Beckenboden kann sich nur öffnen, wenn die Knie leicht nachgeben!)
- Ein neuer Atemzug fließt in den Körper.
- Die innere Weite spüren.
- Ausatmung: Beckenboden aktivieren, rechtes Bein erneut heben, langsam aus der Hüfte heraus kreisen, »mmm« tönen.

Das bringt's:

Lockert die Bauchmuskeln, aktiviert den Beckenboden, erdet.
Stärkt die »untere« Körperhälfte.

»Pferderücken / Katzenbuckel«

So geht's:

- Vierfüßlerstand: Hände unter den Schultern platzieren.
- Knie und Hüften positionieren.
- Fußrücken berühren die Erde.
- Ellbogen zeigen nach außen. (Ellbogengelenke nicht überstrecken!)
- Gerader Rücken.
- Gerader Kopf und Nacken.
- Beim Einatmen auf »kaa« fällt der Rücken in den Rundrücken, das Kinn fällt Richtung Brustkorb, der Kopf senkt sich ab.
- Ausatmen auf »mmm«. Währenddessen Rücken Wirbel für Wirbel aufrollen bis Wirbelsäule, Kopf und Nacken wieder gerade sind: Beim Steißbein und der Lendenwirbelsäule beginnen, danach kommen die Brustwirbelsäule und die Halswirbelsäule.
- Wieder einatmen auf »kaa«, dabei fällt der Rücken erneut in den Rundrücken.
- Während der Ausatmung auf »mmm« erneut Wirbelsäule aufrollen bis Wirbelsäule, Kopf und Nacken gerade sind.
- Vorstellung: Der Klang richtet die Wirbelsäule auf – vom Steißbein bis zur Halswirbelsäule.

Das bringt's:

Aktiviert und lockert den Rücken. Erleichtert das Loslassen der Stimme und sorgt für mehr Leichtigkeit beim Sprechen. Lockert die »obere« Körperhälfte.

kaa

»Bauchatmung immer und überall«

So geht's:

› Bequem und aufrecht sitzen.
› Bauchmuskeln und Schultern sind locker. Eine Hand liegt auf dem Bauch unterhalb des Bauchnabels.
› Den Fokus nach innen richten und die natürliche Atmung beobachten. Abwarten, bis sich der Körper von allein einen neuen Atemzug holt.
› Die Atmung in den Bauch fließen lassen. Solange ausatmen, bis die Ausatmung wirklich zu Ende ist.
› Beim Einatmen hebt sich die Bauchdecke. Beim Ausatmen senkt sich die Bauchdecke.

Das bringt's:

Sorgt für vermehrte Sauerstoffzufuhr im Körper. Steigert das Atemvolumen und somit die Stimmqualität. Beruhigt die Nerven.

haha

»Unterkiefer hängt – Stimmung steigt«

So geht's:

- Bequem und aufrecht sitzen. Die Kiefermuskulatur ist entspannt, die Lippen liegen locker aufeinander, obere und untere Zahnreihe haben keinen Kontakt.
- Der Unterkiefer fällt passiv nach unten. Die aktive Hand schiebt ihn nach oben, sobald die Hand weg ist, fällt er wieder.
- Der Mund bleibt offen. Die Zunge liegt locker am unteren Gaumen, die Zungenspitze berührt die Innenseite der unteren Schneidezähne.
- Aus der Mitte des Körpers kommt ein Ton – es entsteht ein »haha«.
- Vorstellung: Seufzer. »Haha« bleibt jedoch ein klarer Ton!
- Mehrmals wiederholen.

Das bringt's:

Lockerung von Kiefer und Kehle. Bringt die Stimme in ihre natürliche Stimmlage. Lockert die »obere« Körperhälfte.

mmmaaa

»Schüttelübung«

So geht's:

- Mit hüftbreit geöffneten Füßen aufrecht stehen.
- Knie, Bauchdecke, Schultern und Kiefermuskulatur sind locker, die Lippen liegen entspannt aufeinander.
- Die Arme hängen nach unten. Den Scheitel nach oben verlängern, die Schultern senken.
- Mit jeder Einatmung »wachsen«: Den ganzen Körper lang werden lassen.
- Mit jeder Ausatmung »verwurzeln«: Die Fußsohlen fest auf der Erde spüren, das Steißbein nach unten verlängern, den Stand stabilisieren.
- Nach einigen Atemzügen die Knie ausschütteln. (Vorstellung: Die Fußsohlen drücken sich gleichzeitig vom Boden weg.) Schultern, Arme und Hände sind passiv und werden durch die Schüttelbewegungen »mitbewegt«.
- Während der Schüttelbewegungen ein »mmmaaa« tönen. Den Ton freilassen.

Das bringt's:

Lockert den gesamten Körper. Befreit die natürlich Stimme. Löst Spannungen und hilft bei Lampenfieber. Erdet die »untere« Körperhälfte, lockert die »obere« Körperhälfte.

»Ich sehe dir in die Augen ... !«

So geht's:

- Hüftknochenbreiter und aufrechter Stand.
- Knie, Bauchdecke, Schultern, Kiefer und Stirn sind entspannt.
- Den Fokus nach außen richten. Die Gedanken ins Hier und Jetzt bringen.
- Die Zuhörer/Gesprächspartner ansehen.

Das bringt's:

Bringt Sie mit dem Publikum in Kontakt. Steigert Ihre Präsenz und Ausstrahlung. Aktiviert die »obere« Körperhälfte.

»Nackenmassage selbstgemacht«

So geht's:

- *Schritt 1:*
  - Mit geschlossenen Beinen an der vorderen Kante des Bürostuhls sitzen. Die Hände liegen auf den Oberschenkeln und hängen nach unten.
  - Ausatmen: Heben Sie ganz langsam die rechte Schulter.
  - Einatmen: Die Schulter oben halten.
  - Ausatmen: Senken Sie die rechte Schulter im Zeitlupentempo ab.
  - Einatmen: Schultern sind ruhig.
  - Ausatmen: Heben Sie ganz langsam die linke Schulter.
  - Einatmen: Die Schulter oben halten.
  - Ausatmen: Die linke Schulter langsam absenken.

- *Schritt 2:*
  - Das linke Ohr wandert zur linken Schulter. Einige Atemzüge lang halten und die Dehnung an der rechten Nackenseite spüren.
  - Danach den Kopf über vorne auf die rechte Seite rollen. Das rechte Ohr wandert zur rechten Schulter. Halten und danach den Kopf über vorne auf die linke Seite rollen.
  - Beim Rollen »mmm« summen.

Das bringt's:

Lockert Nackenmuskulatur und Kehle. Befreit die natürliche Stimme.
Lockert die »obere« Körperhälfte.

»Marionette«

So geht's:

- Aufrechter Stand. Die Füße stehen parallel und hüftknochenbreit auseinander. Knie, Bauchmuskeln und Schultern sind locker.
- Vorstellung: An den Ellenbogen, Handgelenken und den Fingern sind Marionettenfäden befestigt – außerdem am Hinterkopf und an jedem einzelnen Wirbel der Wirbelsäule.
- Die Ellenbogen drehen sich nach außen und werden an den »Fäden« hochgezogen. (Die Schultern bleiben entspannt!)
- Die Handgelenke werden hochgezogen.
- Alle zehn Finger werden hochgezogen.
- Ausatmen auf »f« oder »haha«: Die Hände fallen nach unten.
- Einatmen: Bauchdecke entspannen.
- Ausatmen auf »f« oder »haha«: Die Unterarme fallen nach unten.
- Einatmen: Bauchdecke entspannen.
- Ausatmen auf »f« oder »haha«: Die gesamten Arme fallen nach unten.
- Einatmen: Bauchdecke entspannen.
- Ausatmen auf »f« oder »haha«: Das Kinn fällt Richtung Brustkorb.
- Einatmen: Bauchdecke entspannen.
- Ausatmen auf »f« oder »haha«: Der Kopf überlässt sich der Schwerkraft und sinkt nach unten.
- Einatmen: Bauchdecke entspannen.
- Ausatmen auf »f« oder »haha«: Der Brustkorb überlässt sich der Schwerkraft und sinkt nach unten.
- Einatmen: Bauchdecke entspannen.
- Ausatmen auf »f« oder »haha«: Kopf und Brustkorb sinken Wirbel für Wirbel nach unten.
- Kopf und Oberkörper hängen nach unten: »Mmm« tönen.

- Vorstellung: Der Ton beginnt in den Füßen, wandert über Beine, Steißbein, Oberkörper, Halswirbelsäule zum Schädeldach und fällt übers Schädeldach nach unten.
- Aufrollen auf »mmm«: Vom Steißbein beginnend rollen sich Kreuzbein, Lendenwirbelsäule, Brustwirbelsäule und Halswirbelsäule auf.
- Der Kopf ist gerade, die Lippen öffnen sich.
  Es entsteht der Klang »maa«.

Das bringt's:

Aktiviert den gesamten Körper. Verbessert die Haltung. Unterstützt das Loslassen des Tons. Macht wach, beruhigt die Nerven, erdet.
Stärkt die »untere« Körperhälfte, lockert die »obere« Körperhälfte.

»Atem-Gymnastik«

So geht's:

- Aufrecht sitzen. Die Füße haben guten Bodenkontakt, Bauchdecke und Schultern sind locker.
- In der Höhe der Schultern halten beide Hände schulterbreit und waagrecht ein Theraband.
- Ausatmung auf »fff«: Das Theraband wird gleichmäßig auseinander gezogen. Mit der Ausatmung endet die Bewegung.
- Einatmung: Das Theraband wird lockergelassen und schwingt in die Ausgangslage (schulterbreit) zurück. Die Bauchdecke hebt sich.
- Ausatmung auf »mmm«: Das Theraband wird gleichmäßig auseinander gezogen. Wieder endet mit der Ausatmung die Bewegung.
- Einatmung: Das Theraband wird lockergelassen und schwingt in die Ausgangslage zurück.
- Die Bauchdecke hebt sich.

Variation:

- *Ein Wort sprechen und dabei das Theraband gleichmäßig auseinander ziehen. Wortende (= Ende der Ausatmung): Das Theraband schwingt in die schulterbreite Ausgangslage zurück.*
- *Die Übung funktioniert auch mit ganzen Sätzen.*

Das bringt's:

Vertieft die Atmung. Verbindet Stimme und Körper. Sorgt für eine deutliche Aussprache (beim Üben mit Wörtern und ganzen Sätzen).

fff

»Im Hier und Jetzt«

So geht's:

- Sie betreten ein Lokal. Doch anstatt ohne nach links und rechts zu sehen auf den nächstbesten freien Platz zu huschen, bleiben Sie diesmal ruhig stehen.
- Den Boden unter den Füßen spüren, Bauchdecke und Schultern entspannen, Brustkorb öffnen. Die natürliche Atmung wahrnehmen.
- Dann den Fokus nach außen richten und aktiv die Umgebung wahrnehmen.

Das bringt's:

Aktiviert die Wahrnehmung. Sorgt für Präsenz und Ausstrahlung.

»Alles auf!«

So geht's:

- Aufrecht hinstellen. Füße hüftknochenbreit auseinander, lockere Knie, 3-Punkte-Stand.
- Die Handflächen zum Himmel strecken.
- Alle Öffnungen (Ohren, Mund, Nasenlöcher, Augen) weit aufmachen, die Zunge rausstrecken.
- Den Kopf in den Nacken legen.
- Mit rausgestreckter Zunge »aah« tönen, dabei den Ton vollkommen ungeführt loslassen.
- Die Arme bleiben beim Tönen oben.

Vorstellung:
Der Klang strömt aus der Mitte des Körpers hinunter bis in den Erdmittelpunkt und hinauf bis in den Himmel.

Das bringt's:
Öffnet und entspannt die Kehle. Erleichtert das Loslassen des Tons. Aktiviert Gesichtsmuskulatur und Zunge. Erdet. Stärkt die »untere« Körperhälfte. Aktiviert die »obere« Körperhälfte.

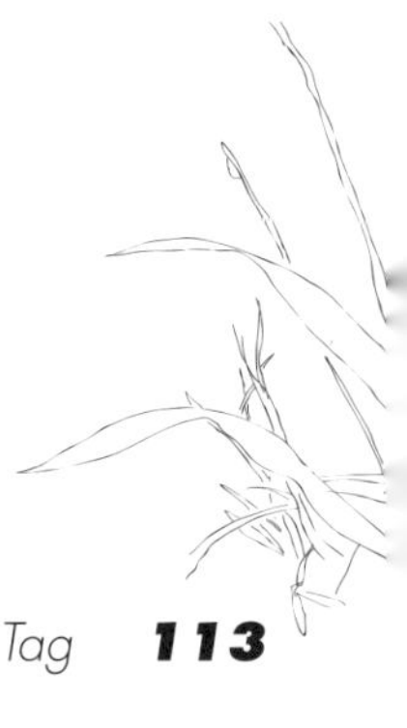

mma

»Unter Strom«

So geht's:

- Aufrecht hinstellen und einen tiefen Atemzug in den Bauch fließen lassen.
- Dann den ganzen Körper durchschütteln: Arme, Hände, Beine, Füße.
- Dabei weiteratmen.
- So lange zappeln und schütteln, bis sich alle Anspannungen im Körper lösen.
- Dabei »mma« tönen.

Das bringt's:

Löst Verspannungen und Blockaden im Körper. Hilft bei Lampenfieber. Bringt den Körper vor wichtigen Redeauftritten und Präsentationen so richtig in Schwung. Lockert die »obere« Körperhälfte.

Guten Abend!

... einfach mal die Gedanken loslassen ... Sie müssen nirgendwo hingehen – Sie sind bereits da: dankbar und präsent im Hier und Jetzt.

Beim Sprechen geht es um die Verbindung von Körper, Stimme, Gedanken und Emotionen. Je klarer wir mit uns sind, desto klarer ist unsere Kommunikation. Als Sprecherin weiß ich, dass der Körper das Instrument des Ausdrucks ist und im Idealfall mit dem Geist im Einklang stehen sollte.

Neigt sich der Tag dem Ende zu, ist der Zeitpunkt gekommen, um noch einmal die vergangenen Stunden Revue passieren zu lassen: Was habe ich gehört? Was habe ich gesehen? Was habe ich wahrgenommen? Nehmen Sie die Gefühle auf, die aufsteigen. Bewerten Sie nicht, beurteilen und interpretieren Sie nicht. Lassen Sie sie da sein, ohne sie verändern zu müssen. Lassen Sie den Leistungsdruck los und seien Sie einfach mit dem in Frieden, was ist. Und atmen Sie!

»Perlenkette«

So geht's:

- Rückenlage. Die Beine sind aufgestellt, die Füße möglichst nahe am Gesäß.

- *Schritt 1:*
  - Ausatmen: Die Fußsohlen drücken in den Boden und das Becken hebt sich. Während dieser Bewegung tönen Sie ein »mmmm«.
  - Bewegungspause: Die Bauchmuskeln sind locker, der Mund ist geöffnet. Ein neuer Atemzug fällt ein.

- *Schritt 2:*
  - Ausatmen: Das Becken hängt in der Luft. Die Fußsohlen drücken immer wieder kurz in den Boden, sodass das Becken durchgeschüttelt wird. Währenddessen tönen Sie ein »mmmmaaaa«.
  - Bewegungspause: Die Bauchmuskeln sind locker, der Mund ist geöffnet. Ein neuer Atemzug fällt ein.

- *Schritt 3*
  - Ausatmen: Die Wirbelsäule legt sich Wirbel für Wirbel auf dem Boden ab, das Becken zuletzt. Während dieser Bewegung tönen Sie wieder ein »mmmm«.
  - Konzentrieren Sie sich auf die Exaktheit der Bewegungen! Der Ton begleitet die Bewegungen. Nehmen Sie die Vibrationen wahr, die die Töne im Körper auslösen.
  - 3 – 5 Wiederholungen.

Das bringt's:

Entspannt die Wirbelsäule. Erleichtert das Loslassen des Tons und bringt die Stimme in den Körper. Stärkt die »untere« Körperhälfte«, lockert die »obere« Körperhälfte.

mmmmaaaa

»Beckenboden trifft Ton«

So geht's:

› Rückenlage. Die Füße fallen auseinander, die Hände liegen neben dem Körper. Die Handflächen zeigen nach oben, die Augen sind geschlossen. Schultern, Kiefer- und Bauchmuskulatur sind entspannt.
› Lenken Sie die Wahrnehmung auf den Beckenboden. Vorstellung: Zwischen Anus und Geschlecht befindet sich ein kleines Schwämmchen. Das Schwämmchen wird sanft zusammengedrückt. Dadurch wird der Beckenboden aktiviert und hochgezogen, der Unterbauch senkt sich.

› Ausatmen: Beckenboden aktivieren. (Schwämmchen zusammendrücken!)
› Pause: Beckenboden und Unterbauch entspannen.
› Einatmen: Weite im Bauch- und Beckenraum wahrnehmen und genießen.
› Ausatmen auf einem langen »ffff«: Beckenboden aktivieren. So lange auf »ffff« ausatmen und dabei den Beckenboden aktivieren, bis die Ausatmung wirklich zu Ende ist.
› Pause: Beckenboden und Unterbauch entspannen.
› Einatmen: Ein neuer Atemzug fließt in den Bauch.
› Ausatmen auf einem langen »mmmm«: Beckenboden aktivieren. So lange ausatmen, dabei »mmmm« tönen und den Beckenboden aktivieren, bis die Ausatmung wirklich zu Ende ist.

› 3 – 5 Wiederholungen. Abwechselnd auf »ffff« und »mmmm« ausatmen.

Das bringt's:

Aktiviert den Beckenboden. Vertieft die Atmung und sorgt für eine klangvolle Stimme. Verbindet Stimme und Körper. Aktiviert die »untere« Körperhälfte.

»Wechselatmung«

So geht's:

- Bequem und aufrecht sitzen.
- Den Zeige- und Mittelfinger der rechten Hand zur Handfläche einklappen, die anderen Finger ausstrecken. Die linke Hand liegt entspannt auf dem Bein.
- Durch die Nase einatmen, mit dem rechten Daumen das rechte Nasenloch verschließen und links ausatmen.
- Das rechte Nasenloch geschlossen halten und links einatmen.
- Das linke Nasenloch mit dem rechten Ringfinger verschließen und rechts ausatmen.
- Rechts einatmen, das rechte Nasenloch verschließen und links ausatmen.
- Die Übung in diesem Rhythmus zehn- bis zwölfmal wiederholen. So tief und gleichmäßig wie möglich atmen.
- Ziel ist, die Ein- und Ausatmung auf dieselbe Länge zu bringen und zu vertiefen.

Das bringt's:

Verstärkt die Sauerstoffzufuhr im Körper.
Beruhigt die Nerven und den Geist.

»Die Vorleserin«

So geht's:

- Gestalten Sie Ihre Sprache!
- Machen Sie Pausen. Während der Sprechpause strömt ein neuer tiefer Atemzug in Ihren Körper.
- Betonen Sie die Wörter, die Sie besonders herausheben möchten. Betonen Sie innerhalb einer kurzen Satzeinheit immer nur ein Wort stark, und zwar immer das wichtigste.
- Variieren Sie Tempo und Lautstärke.
- Gehen Sie mit der Stimme am Ende eines Satzes nach unten. Sprechen Sie auf Punkt.

Das bringt's:

Bringt Abwechslung, Deutlichkeit und Klarheit in die Sprache.

»Ballpresse«

So geht's:

- Auf dem Rücken liegen. Die Beine sind aufgestellt.
- Einen weichen Ball zwischen den Knien halten. Die Hände liegen auf dem Unterbauch (zwischen Nabel und Schambein), die Mittelfinger berühren einander.
- Ausatmen auf »f« oder »mmm«: Die Knie drücken den Ball langsam und fest zusammen. Spannung halten.
- Einatmen: Loslassen.

Variationsmöglichkeiten:
Beim Zusammendrücken des Balles einzelne Wörter oder kurze Sätze sprechen.

Das bringt's:

Aktiviert den Beckenboden. Vertieft die Atmung. Bringt die Stimme in ihre natürliche Stimmlage. Stärkt die »untere« Körperhälfte.

»ka«

So geht's:

- Aufrecht auf einem Stuhl sitzen. Lippen und Kiefer entspannen.
- Den Mund ein wenig öffnen – der Unterkiefer fällt nach unten.
- Die Silbe »kaa« (ein offenes »a«) flüstern.
- Flüstern Sie das »kaa« im natürlichen Atemrhythmus: während der Ein- und der Ausatmung.
- 5 Wiederholungen

Vorstellung:
Das »kaa« fällt bis in den Bauch ein.

Das bringt's:

Lockert den weichen Gaumen. Vertieft die Atmung.
Lockert die »obere« Körperhälfte.

kaa

maa

»Rückenschaukel«

So geht's:

- Rückenlage. Beide Beine sind aufgestellt, die Füße befinden sich möglichst nahe am Gesäß.
- Beide Knie sinken mit der Ausatmung Richtung Brustkorb.
- Beide Arme umschließen die Knie.
- Das Becken beginnt sich zu bewegen. Vorstellung: Das Kreuzbein malt »Achter« in den Boden.
- Während der Bewegung »mmm« oder »maa« summen.
- Der Raum zwischen dem Schädeldach und dem Kreuzbein wird mit Klang gefüllt.

Das bringt's:

Aktiviert Becken und Stimme. Bringt die Stimme in den Körper.
Lockert und stärkt sowohl die »untere« als auch die »obere« Körperhälfte.

»Das gefaltete Blatt«

So geht's:

- Liegen im gefalteten Blatt. Die Beine sind angewinkelt, die Hände liegen unter der Stirn.
- Lockere Bauchdecke. Aktiver Beckenboden (in der Phase der Ausatmung).
- Auf »fff« und »mmm« ausatmen.

Vorstellung:
Der Atem/Klang »flutet« den gesamten Körper.

Das bringt's:

Entspannt Bauch und Rücken. Erleichtert die Wahrnehmung der inneren Weite. Bringt die Stimme in den Körper.

fff

mmm

»mmm... und gute Nacht!«

So geht's:

- Bauchmuskeln, Gesichtsmuskeln, Kiefer und Zunge sind entspannt.
- Zeigefinger auf das Kinn legen.
- Die Lippen liegen locker aufeinander.
- Mit dem Daumen kreisend die weiche Mulde unter dem Kinn massieren. (Hier befindet sich der Zungenbeinmuskel, der während der gesamten Übung locker bleiben soll.)
- Leise »mmm« summen ohne Anspannung des Zungenbeinmuskels.
- Variationsmöglichkeit: Beim »mmm«-Summen den Beckenboden aktivieren.

Das bringt's:

Lockert den Zungenbeinmuskel. Stimmübung. Befreit die natürliche Stimme. Lockert die »obere« Körperhälfte.

Teil 3

Welcher Redetyp sind Sie?

So, wie Sie sind, sind nur Sie!

Dass »Authentizität« und »Natürlichkeit« zwei Schlüssel zum Erfolg sind, ist den meisten Menschen bekannt. Trotzdem kommen oft Frauen und Männer zu mir ins Sprech- oder Präsentationstraining, die folgenden Wunsch äußern: »Mir gefällt Person X sehr gut. Könnten Sie mich hintrainieren, damit ich so rede wie sie/er?« Leider funktioniert das nicht. Oder zum Glück, denn jeder Mensch ist einzigartig und hat Ressourcen und Stärken, die ihn unverwechselbar machen.

Wer eine andere Person imitiert, verliert an Strahlkraft, Stärke und Persönlichkeit. Was wir brauchen, um Redeauftritte professionell und erfolgreich meistern zu können und um authentisch in die Welt zu leuchten, ist ein großes Maß an Selbstbewusstsein. Stark ist jemand, der »sich seiner selbst bewusst« ist, also genau darüber Bescheid weiß, was ihn ausmacht und diese Ressourcen nützt. Kennt man seinen »inneren Schatz«, die eigenen Bedürfnisse und Grenzen, wird man nicht ständig in Versuchung geführt, jemanden nachzuahmen. Richten Sie den Blick auf Ihre Stärken und ehren Sie Ihre Grenzen!

Die vier Redetypen

So unterschiedlich, wie Menschen in alltäglichen Lebenssituationen denken, fühlen und agieren, so unterschiedlich handeln Sie auch während einer Rede. Die einen bereiten sich wochenlang auf einen Redeauftritt vor, andere erledigen dies in letzter Minute (auch wenn sie wochenlang Zeit hätten). Manche handeln am liebsten spontan, andere wiederum halten sich lieber an ein klares Konzept. Für die einen ist der beste Platz für einen Redeauftritt der hinter dem Rednerpult, für andere fühlt sich das Stehen hinter dem Rednerpult falsch an, weil sie mehr Nähe zu ihren Zuhörern brauchen. Die einen sprechen intensiv mit den Händen, andere bewegen sich und ihre Hände kaum und verspüren auch nicht das Bedürfnis, dies zu tun.

Sie sehen: Es gibt viele Wege und Arten, eine Rede oder Präsentation zu halten. Kein Weg ist besser als der andere. Es gilt ganz einfach, den für sich wahrhaftigsten Weg zu finden und diesen zu gehen – egal, was andere tun oder sagen.

Um Ihnen einen kleinen »Wegweiser« zu geben, habe ich die vier folgenden »Redetypen« skizziert: Dominant, Lebendig, Empathisch, Sachlich. Zusatzqualität: Entertainer. Die meisten Menschen sind eine Mischung aus zwei Grundtypen, wobei ein Typ überwiegt. Beispielsweise gibt es dominante Redner, die auch lebendige oder sachliche Anteile vorweisen. Manche lebendige Redner tendieren eher zur Gruppe »Dominant«, andere mehr zur Gruppe »Empathisch«. Bei empathischen Rednern kommt es zu Mischformen mit »Lebendig« oder »Sachlich«. Sachliche Redner haben oft dominante oder empathische Anteile. Oft werde ich gefragt, ob die Rede-Typologie situationsabhängig sei. Antwort: nein. Ein Redner, der zum Beispiel der Gruppe der »Lebendigen« angehört, wird immer gerne und viel mit den Händen sprechen, immer eine ausgeprägte Mimik und ein großes Bewegungsbedürfnis haben und immer in melodischer Sprechweise, er wird in Bildern und Beispielen sprechen und häufig die direkte Rede verwenden. Egal, ob im privaten Rahmen oder bei einer offiziellen Ansprache, vor der Schulklasse, bei einer Produktpräsentation oder einer Podiumsdiskussion.

Eine weitere Frage, die mir zum Thema »Redetypen« oft gestellt wird: »Kann ich mich umpolen, bzw. lernen, ein anderer Redetyp zu werden?« Auch auf diese Frage lautet die Antwort »nein«. Je genauer wir uns selbst kennenlernen und je entspannter wir mit unseren Fähigkeiten, aber auch mit unseren Grenzen umgehen, umso besser wird es gelingen, zu uns zu stehen und das, was in uns ist, nach außen hin zu zeigen. So kann es sein, dass ein lebendiger Redner sich plötzlich auch bei offiziellen Redeanlässen traut, seine Lebendigkeit zu leben und zu zeigen. Auch wenn Menschen (noch) versuchen, jemand anderer zu sein: Erkennbar sind ihre natürlichen Anlagen immer.

Bei dominanten Rednern habe ich oft erlebt, dass sie sich im jungen Alter noch gerne »verkleinern«. Aber auch, wenn sie sich bemühen, sich zurückzuhalten – denn der große Auftritt kommt in der Rolle des Lehrlings, des Berufsanfängers oder des Praktikanten nicht immer gut an – ihre Gesten sind, wenn sie unkontrolliert sprechen, groß und gezielt, die Stimme ist laut und die Aussagen klar, die Sprache linear. Das Bedürfnis nach räumlicher Distanz und einer großen Zuhörerschaft bleibt vorhanden.

Lebendige Redner finden ihre ausgeprägten und zahlreichen Gesten oftmals selbst als störend und unterdrücken ihren Bewegungsdrang. Was aber passiert, wenn ein lebendiger Redner versucht, eine ruhige, lineare und stromlinienförmige Präsentation abzuliefern? Er verblasst. Auch wenn er sich zu viel Bewegung mit Händen und Füßen verbietet: Das Bewegungsbedürfnis gewinnt die Oberhand und äußert sich in kleinen Wackelbewegungen oder unkontrollierten Bewegungen mit dem Kopf. Versucht er, den Fokus auf Inhalt und Sachlichkeit zu lenken, bleibt die Sprechweise doch immer melodisch.

Empathische Redner sprechen auch mit melodischer Sprache, kleinen Gesten und einer leiseren Stimme, wenn sie vor einem großen Publikum stehen und über Fakten referieren. Ihre innere Haltung und ihr persönlicher Zugang zum Thema wird immer zu sehen sein.

Sachliche Redner sind auch dann klar erkennbar, wenn sie über eine Sache sprechen, die sie außerordentlich begeistert und emotional bewegt.

Die Zugehörigkeit zu einem bestimmten Rede-Typus sagt übrigens nichts darüber aus, ob jemand ein guter Redner ist oder nicht. Ich kenne hervorragende Vertreter jedes Redetyps – und ganz miserable.

In welcher Gruppe, bzw. in welchen Gruppen, finden Sie sich wieder?

Dominant

Dominante Redner erkannt man meist schon, wenn sie einen Raum betreten: Sie machen sich die Tür weit auf und gehen mit großen gezielten Schritten. Generell nehmen sie sich den Platz, der ihnen zusteht. Sie verwenden große, gezielte Gesten und haben eine reduzierte Mimik. Sie sprechen (selbst in kleinen Räumen vor wenigen Zuhörern) mit lauter Stimme, ihre Sprechweise ist linear.

Aussagen wie »ich mag es gar nicht, wenn mir die Leute zu nahe kommen«, »ich stehe gerne hinter einem Rednerpulten«, »ich brauche etwas, das Distanz zwischen mich und die anderen bringt« hören Sie oft von Menschen, die der Gruppe der dominanten Rednerinnen und Redner angehören.

Dominante Redner lieben den großen Auftritt vor großem Publikum. Ihre großen Stärken: Sie funktionieren nahezu immer; auch dann, wenn sie wissen, dass die Menschen im Publikum dem, was sie sagen – oder gar ihnen persönlich – kritisch bis ablehnend gegenüberstehen und wissen, wie man sein Publikum begeistert und mitreißt. Dominate Redner lieben die große Inszenierung: große Bühnen, aufwendige Power Point Präsentationen, spektakuläre Lichtshows. Äußerst wohl fühlen sie sich hinter einem Rednerpult, denn was sie weniger mögen, ist zu viel Nähe zum Publikum. Der dominante Redner hat das Bedürfnis nach Distanz.

Selbstanalyse:
Gehören Sie zur Gruppe der dominanten Redner?

1. *Füße:*
   - O Beim Betreten eines Raumes: Machen Sie große Schritte?
   - O Stehen Sie häufig breitbeinig da?

2. *Hände:*
   - O Setzen Sie Ihre Gesten gezielt ein?
   - O Machen Sie große Gesten?

3. *Bewegung, Raum, Präsenz:*
   - O Setzen Sie Bewegungen, Ortswechsel auf der Bühne und Schritte gezielt ein?
   - O Fällt es Ihnen leicht, beim Reden einen festen Stand zu bewahren?
   - O Fällt es Ihnen leicht, sich den Raum, der Ihnen zusteht, zu nehmen?

- O Sie haben noch nie darüber nachgedacht, ob es Ihnen schwer fällt, sich den Raum, der Ihnen zusteht, zu nehmen?
- O Machen Sie sich eine Tür immer weit auf, wenn Sie durch sie hindurchgehen?
- O Beim Betreten eines mit Menschen gefüllten Raumes: Fällt es Ihnen leicht, die Blicke auf sich zu ziehen?
- O Ist es für Sie selbstverständlich, gesehen zu werden?
- O Fällt es Ihnen leicht, sich Gehör zu verschaffen?

4. *Stimme:*
- O Sprechen Sie meistens mit lauter Stimme?
- O Sprechen Sie auch dann oft mit lauter Stimme, wenn der Raum eher klein und die Anzahl Ihrer Zuhörer überschaubar ist?
- O Wurden Sie schon einmal aufgefordert »bitte leiser« zu sprechen?

5. *Sprechweise:*
- O Ist Ihre Sprechweise linear?
- O Neigen Sie zu einer monotonen Sprechweise?
- O Verwenden Sie beim Sprechen häufig fallende Kadenzen (= die Stimme wird am Ende eines Satzes oder am Ende eines Gedankenbogens abgesenkt, Sie sprechen »auf Punkt«)?
- O Fällt es Ihnen leicht, einen Gedanken nach dem anderen zu verbalisieren?

6. *Werte:*
- O Lieben Sie das Gefühl, Ihre Zuhörer in Ihren Bann zu ziehen?
- O Lieben Sie Beifall und Standing Ovations?
- O Können Sie über jedes Thema sprechen und jedes Produkt präsentieren, egal, ob Sie einen persönlichen Zugang dazu haben oder nicht?

7. *Publikum, Setting:*

- O Sprechen Sie lieber vor großem Publikum?
- O Ist es Ihnen egal, ob Sie die Menschen, vor denen Sie sprechen, mögen oder nicht?
- O Ecken Sie auch hin und wieder an?
- O Sie machen sich keine oder nur wenige Gedanken darüber, ob Ihr Publikum Sie mag oder nicht?
- O Ertragen Sie es gut, vor einem Publikum zu sprechen, von dem Sie wissen, dass es Sie nicht mag, das was Sie vertreten ablehnt, und/oder mehrheitlich anderer Meinung ist als Sie?
- O Stehen Sie gerne auf einer großen Bühne?
- O Unaufgeforderte Fragen aus dem Publikum stören Sie eher?
- O Es fällt Ihnen leicht, Ihr Publikum zu überzeugen?

8. *Nähe/Distanz:*

- O Halten Sie gerne Distanz zum Publikum?
- O Stehen Sie beim Reden gerne hinter einem Rednerpult?
- O Angenommen, Sie stehen in einem Klassenzimmer: Würden Sie sich wohler fühlen, wenn alle hinter ihren Tischen sitzen bleiben würden?

9. *Zuverlässigkeit:*

- O Gelingen Ihre Redeauftritte meistens bis immer?
- O Gelingt es Ihnen nahezu immer, das Publikum zu fesseln und in Ihren Bann zu ziehen?
- O Ein gelungener Redeauftritt ist für Sie etwas, das Sie in der Hand haben?

10. Innere Haltung:

- O Würden Sie sich als eher extrovertiert bezeichnen?
- O Haben Sie manchmal das Gefühl, das Wort ergreifen zu müssen, weil es sonst niemand tut?
- O Sprechen Sie gerne vor Menschen?
- O Ist Ihnen das Gefühl von extremen Lampenfieber und Nervosität eher oder sogar ganz fremd?
- O Sie können sich nicht vorstellen, dass es Menschen gibt, die Sie als »unscheinbare graue Maus« bezeichnen?

11. Spontanität:

- O Wenn es sein muss, können Sie auch spontan sein. Lieber ist Ihnen jedoch eine gut vorbereitete Inszenierung.

12. Redeauftritte mit einem Partner:

- O Übernehmen Sie, wenn Sie mit einem Partner präsentieren, gerne das Ruder?
- O Es macht Sie nervös, wenn Sie sich einem Redepartner anpassen oder sogar unterordnen müssen?
- O Neigen Sie dazu, dem anderen ins Wort zu fallen?
- O Präsentieren Sie lieber allein?
- O Es würde Sie stören, wenn Ihr Partner mehr Redezeit hätte als Sie?
- O Es würde Sie stören, wenn Ihr Partner die Kernpunkte Ihrer Präsentation übernimmt und für Sie das – Ihrem Empfinden nach – eher Nebensächliche übrig bleibt?
- O Sie stehen lieber im Vorder- als im Hintergrund?
- O Sie mögen es gar nicht, wenn Ihr Partner spontan etwas sagt oder tut, das vorher nicht mit Ihnen abgesprochen war?

13. Technische Hilfsmittel/Medien, Veranschaulichungsmaterialien:

- O Sprechen Sie gerne frei?
- O Mögen Sie große Inszenierungen (perfekte Power Point Präsentationen, Licht- und Toneffekte, große Bühne)?
- O Sie finden Veranschaulichungsmaterialien gut, aber nur dann, wenn es sich um gezielt eingesetzte »High-Tech-Dinge«, wie Filme oder spektakuläre Bilder, handelt?

14. Vorbereitung:

- O Überlassen Sie die Vorbereitung Ihrer Präsentation gerne jemandem, der dies professionell für Sie erledigt?
- O Bereiten Sie sich auf einen Redeauftritt zwar diszipliniert und gezielt vor, könnten Sie aber auch spontan reden?

Haben Sie über 50% der Fragen mit »ja« beantwortet, ist es sehr wahrscheinlich, dass Sie zur Gruppe der »dominanten Redner« gehören.

Ressourcen der dominanten Redner

Die Größe Ihres Auftritts, Ihre Präsenz und Ihr zuverlässiges Funktionieren sorgen dafür, dass Sie gehört werden. Sie wissen, wie man Menschen überzeugt und motiviert.

Potentielle Stolpersteine

Durch die Größe Ihres Auftritts können dominante Redner schnell arrogant und unnahbar wirken. Wenig hilfreich ist dies in Redesituationen, in denen es darum geht, Vertrauen herzustellen und Mitgefühl zu zeigen, wie zum Beispiel bei Mitarbeitergesprächen oder im Beratungskontext.

Vorsicht vor der »Anbiederungsfalle«: Viele dominante Redner glänzen, solange sie auf der Bühne stehen und zu ihrem Publikum sprechen. Mischen sie sich hinterher »unters Volk«, ist vom Glanz allerdings oftmals nicht mehr viel übrig. Der, der sich vorhin so überzeugend in die Herzen der Zuhörer geredet hat, wirkt plötzlich hölzern, bemüht und unecht. Vielen dominanten Rednern ist ihr Bedürfnis nach Distanz sehr wohl bewusst. Und so versuchen sie oft, ganz bewusst Kontakt zwischen sich und ihrem Gesprächspartner herzustellen. Tun sie dies durch ein Zuviel an räumlicher Nähe, wirkt dies schnell anbiedernd und führt letztendlich immer dazu, dass sich niemand mehr so richtig wohlfühlt – nicht der dominante Redner und nicht sein Gegenüber. Meistens genügen für das Herstellen von Nähe und Kontakt schon ein aktiver Blickkontakt und Fragen, die ehrliches Interesse zeigen.

Spielen Sie Ihr Interesse am anderen und Ihr Mitgefühl niemals bloß vor. Sollte es nicht von Vornherein ehrlich vorhanden sein, die Situation es aber erfordern: Führen Sie sich ganz bewusst vor Augen, was Sie an dem Menschen, der Ihnen gerade gegenübersitzt *wirklich* interessiert und »tun Sie nicht als ob«.

Bleiben Sie in Ihrer Wahrnehmung präsent und achten Sie bei Redeauftritten immer bewusst auf die Größe des Raumes und die Anzahl der Zuhörer. Seien Sie sich der Tatsache bewusst, dass während einer Rede Redner und Publikum gleichermaßen senden und bleiben Sie offen für Impulse, die aus dem Publikum kommen. So finden Sie ganz automatisch zu einer angemessenen Lautstärke und Körpersprache und zu Ihrem authentischen Maß an Kontakt und Nähe.

Hinter einem Rednerpult sind Sie gut aufgehoben. Aufgrund Ihrer kräftig eingesetzten Stimme, Ihrer großen und gezielten Gesten und Ihrer Präsenz überstrahlen Sie ohnehin jedes »räumliche Hindernis«. Achten Sie darauf, dass Sie für Ihren Auftritt genügend Platz haben, sonst fühlen Sie sich rasch eingeengt.

Der dominante Redner als Präsentationspartner

Dominante Redner werden von ihren Präsentationspartnern gleichermaßen geliebt und verteufelt. Einerseits kann man sich wunderbar auf sie verlassen, sie stellen sich jeder Redesituation, übernehmen das Ruder und zeigen, wo es langgeht. Das kann praktisch sein, wenn man sich selbst unsicher fühlt und jemanden braucht, an dem man sich anhalten kann.

Andererseits stehlen sie ihren Partnern die Show und lassen ihnen wenig Frei- und Spielraum. Sie »führen« durch den Redeauftritt und überlassen dem anderen höchstens hin und wieder gnädig das Wort – das sie hinterher aber wieder schnell an sich nehmen.

Schwierig wird es, wenn der dominante Redner mit einem empathischen auf der Bühne steht. Der »Dominante« übertönt den »Empathischen«, fällt ihm ins Wort und geht strikt seinen Weg. Was dazu führt, dass der »Empathische« inkompetent und schwach wirkt – und der »Dominante« arrogant, rücksichtslos und nicht teamfähig. Auch die Rede-Partnerschaft mit dem »Lebendigen« verläuft nicht immer glücklich: Während der eine (lebendig) noch damit beschäftigt ist, einem spontanen Impuls zu folgen, hat der andere (dominant) längst das Thema in eine andere Richtung gelenkt. Der »Dominante« erinnert dann an einen Busfahrer, der einfach losfährt, ohne darauf zu achten, ob noch jemand zusteigen möchte. Der »Lebendige« wie der am Straßenrand stehen gelassene Fahrgast.

Mir sind in den letzten Jahren viele dominante Redner begegnet, die sich darüber beklagt haben, dass sie auf der Bühne oder bei Präsentationen »immer alles machen müssen, weil es sonst niemand tut«. Vielen mangelt es an Vertrauen in ihre Redepartner.

Mein Tipp, wenn Sie der Gruppe der dominanten Redner angehören: Nehmen Sie sich manchmal ganz bewusst zurück. Machen Sie sich schon im Vorfeld aus, wer von Ihnen welchen Part übernimmt.

Der dominante Redner als Gesprächspartner

Menschen, die mit leiser Stimme, einer emotionalen und melodischen Sprache, unsicheren Gesten und mangelnder Präsenz sprechen, machen den dominanten Redner nervös. Mehr noch: Er nimmt sie nicht ernst. Um sich bei einem dominanten Redner Gehör zu verschaffen, müssen Sie sich den Raum nehmen, der Ihnen zur Verfügung steht und ihn ausfüllen. Zeigen Sie sich in Ihrer vollen Größe und machen Sie sich nicht artig kleiner als Sie sind! Atmen Sie ruhig und tief in den Bauch, damit Sie aus Ihrem gesamten Stimmvolumen schöpfen können. Verirren Sie sich nicht in langen Schachtelsätzen und sprechen Sie deutlich.

Lebendig

Lebendige Redner haben beim Reden ein großes Bewegungsbedürfnis. Oft sprechen sie nahezu ununterbrochen mit den Händen, ihre Gesten sind äußerst lebendig und lebendig ist auch ihre Mimik. Haben sie nicht genug Bodenkontakt, neigen sie zum »Fuchteln«. Verbietet man lebendigen Rednern, Körper und Hände beim Sprechen zu verwenden, beginnen diese, hin und her zu schwanken oder unnatürlich mit Ellbogen oder Kopf zu wackeln. Die Sprache der lebendigen Redner ist melodisch, häufig verwenden sie die direkte Rede (z.B. »Jetzt fragen Sie sich vielleicht: ‚Aber hallo – warum tut sie sich das an?'«).
Eine große Stärke der lebendigen Redner ist ihre Spontanität. (Schattenseite: Sie sind manchmal nicht ausreichend vorbereitet.) Sie lieben es, wenn etwas passiert, das ursprünglich gar nicht oder ganz anders geplant war. Feste Abläufe

und zu ausführliche Power Point Präsentationen lähmen und langweilen sie. Auch wenn sie diese Situationen zu meistern imstande sind: Der ganz große Glanz fehlt. Eine weitere Stärke ist ihr Talent, Geschichten zu erzählen und dem Publikum Fakten in Beispielen nahezubringen. Auch beherrschen sie die Kunst der bildhaften Sprache.

Aber Achtung: Oftmals verirren sich lebendige Redner in ihren Erzählungen. Sie verlieren Struktur und Faden, springen spontan von einem Thema zum anderen, sprengen den zeitlichen Rahmen und hinterlassen ein verwirrtes Publikum. Lebendige Redner brauchen Nähe zum Publikum und Raum für Bewegung.

Selbstanalyse:
Gehören Sie zur Gruppe der lebendigen Redner?

1. *Füße:*
   - O Sind Ihre Füße beim Reden häufig oder immer in Bewegung?
   - O Fällt es Ihnen schwer, Ihre Füße beim Reden nicht zu bewegen?

2. *Hände:*
   - O Sind Ihre Hände beim Reden meistens oder immer in Bewegung?
   - O Variieren Sie zwischen großen und kleinen Gesten?
   - O Fällt es Ihnen sehr schwer, Ihre Hände beim Reden nicht zu bewegen?

3. *Bewegung, Raum, Präsenz:*
   - O Wäre es für Sie unmöglich, beim Präsentieren keine Schritte zu machen?
   - O Haben Sie ein großes Bewegungsbedürfnis beim Reden?
   - O Gehen Sie, während Sie sprechen, andauernd auf und ab?
   - O Fällt es Ihnen schwer, beim Reden einen festen Stand zu bewahren?

- O Sie setzen Ihre Bewegungen nicht gezielt ein, sondern bewegen sich ständig?
- O Beim Betreten eines mit Menschen gefüllten Raumes: Fällt es Ihnen leicht, die Blicke der Anwesenden auf sich zu ziehen?
- O Ist es für Sie eher selbstverständlich, gesehen und gehört zu werden?
- O Fällt es Ihnen generell leicht, sich Gehör zu verschaffen und Aufmerksamkeit zu erregen?

4. *Stimme:*
   - O Variieren Sie häufig die Lautstärke?

5. *Sprechweise:*
   - O Ist Ihre Sprechweise melodisch?
   - O Neigen Sie zu einer »singenden« Sprechweise?
   - O Verwenden Sie viele Füllwörter, z.B. »irgendwie«, »eigentlich«, »und so weiter«?
   - O Beginnen Sie häufig einen neuen Satz, ohne den vorherigen beendet zu haben?
   - O Sprechen Sie häufig in steigenden Kadenzen (= die Stimme wird am Ende eines Satzes oder eines Gedankenbogens nicht abgesenkt), obwohl es sich beim Gesagten nicht um eine Frage, sondern um eine Aussage handelt?
   - O Schmücken Sie Ihre Erzählungen gerne mit Themen aus, die Ihnen spontan einfallen?
   - O Kommen Sie oft »vom Hundertsten ins Tausendste«?
   - O Überschreiten Sie oft die Redezeit?
   - O Verwenden Sie viele Geschichten und Beispiele?
   - O Sprechen Sie eine bildhafte Sprache?
   - O Verwenden Sie oft die direkte Rede?

- O Haben Sie schon des Öfteren positives Feedback für Ihr Talent, Geschichten zu erzählen, erhalten?
- O Ist Ihr Mund manchmal schneller als Ihr Gehirn?
- O Sagen Sie manchmal vorschnell und spontan Dinge, die Sie hinterher bereuen?

6. *Werte:*
   - O Lieben Sie das Gefühl, Ihre Zuhörer in Ihren Bann zu ziehen?
   - O Lieben Sie Beifall und Standing Ovations?
   - O Ist es Ihnen wichtig, Ihre Zuhörer emotional zu berühren?
   - O Unterhalten Sie Ihr Publikum gerne?

7. *Publikum, Setting:*
   - O Sehen Sie beim Vortragen gerne die Gesichter des Publikums?
   - O Mögen Sie es, wenn die Zuhörer spontane Fragen stellen und empfinden Sie diese als willkommene Abwechslung?
   - O Gehen Sie gerne auf die Fragen der Zuhörer ein?
   - O Können Sie die Menschen mitreißen, auch wenn diese ursprünglich nicht wegen Ihres Vortrags gekommen sind, sondern aus anderen Gründen?
   - O Gelingt es Ihnen, auch Menschen, die unfreiwillig Ihrem Redeauftritt beiwohnen, mitzureißen?
   - O Fällt es Ihnen leicht, Menschen in Ihren Bann zu ziehen?
   - O Ist es Ihnen wichtig, zwischen sich und Ihrem Publikum Gemeinsamkeiten oder etwas, das Sie verbindet, zu finden?

8. *Nähe/Distanz:*
   - O Brauchen Sie Nähe zum Publikum?
   - O Fühlen Sie sich hinter einem Rednerpult eher unwohl?

9. *Zuverlässigkeit:*

- O Gelingen Ihre Redeauftritte meistens?
- O Sind Ihre Redeauftritte richtig glänzend?
- O Gehen Sie auch manchmal gründlich daneben?
- O Es hängt von Ihrer persönlichen Verfassung ab, ob ein Redeauftritt gelingt oder nicht?

10. *Innere Haltung:*

- O Würden Sie sich als eher extrovertiert bezeichnen?
- O Sprechen Sie gerne vor Menschen?
- O Unterhalten Sie andere Menschen gerne und bereitet es Ihnen Freude, eine positive Stimmung zu erzeugen?
- O Geraten Sie vor oder während eines Redeauftritts manchmal »außer sich«?

11. *Spontanität:*

- O Reden Sie gerne spontan?
- O Fällt Ihnen oft spontan etwas ein?
- O Sprechen Sie gerne, ohne sich großartig vorbereiten zu müssen/können?
- O Mögen Sie es, wenn etwas Ungeplantes passiert?
- O Laufen Sie zur Höchstform auf, wenn etwas Ungeplantes passiert?
- O Finden Sie es langweilig, wenn immer alles zu 100% nach Plan abläuft?

12. *Redeauftritte mit einem Partner:*

- O Präsentieren Sie lieber allein?
- O Stehen Sie lieber im Vorder- als im Hintergrund?
- O Handeln Sie auch in Redesituationen mit einem Partner häufig spontan?

- O Achten Sie während einer Präsentation auch darauf, was Ihr Partner gerade macht?
- O Finden Sie es belebend, wenn Ihr Partner während der gemeinsamen Präsentation etwas sagt oder tut, das vorher nicht abgesprochen war?
- O Übernehmen Sie gerne Einleitung und Schluss und überlassen Sie den »Faktenteil« lieber dem Partner?

13. Technische Hilfsmittel/Medien, Veranschaulichungsmaterialien:

- O Sprechen Sie gerne frei?
- O Trifft der Satz »Power Point Präsentationen engen mich ein« auf Sie zu?
- O Empfinden Sie Power Point Präsentationen eher als Behinderung denn als Hilfsmittel?

14. Vorbereitung:

- O Trifft die Bezeichnung »unstrukturiert und chaotisch« zumindest manchmal auf Sie zu?
- O Fühlen Sie sich vor einem Redeauftritt auch dann sicher, wenn Sie im Vorfeld nicht alles bis ins kleinste Detail festgelegt haben?
- O Empfinden Sie eine detaillierte Vorbereitung als Zeitverschwendung?
- O Lassen Sie sich lieber spontan auf Örtlichkeit, Publikum und Redeanlass ein?
- O Werden Sie oft erst in allerletzter Minute mit den Vorbereitungen fertig?
- O Absolvieren Sie Ihren Auftritt erfolgreicher, wenn Sie die Vorbereitungen erst in letzter Minute abgeschlossen haben?
- O

Haben Sie über 50% der Fragen mit »ja« beantwortet, ist es sehr wahrscheinlich, dass Sie zur Gruppe der »lebendigen« Redner gehören.

Ressourcen der lebendigen Redner

Ihre lebendige Erzählweise, Ihre ausgeprägte Mimik und Gestik sowie Ihre Spontanität sind Ihre großen Stärken. Ihre bildhafte Sprache verzaubert die Zuhörer und zieht sie in Ihren Bann. Sie wissen, wie man »puren Inhalt« mit passenden Beispielen unterstreicht und zum Leben erweckt. Die Zuhörer sind von Ihrem Vortrag gefesselt und empfinden Redeauftritte von Ihnen immer als ein Event, bei dem es nie langweilig wird. Ihnen sieht und hört man einfach gerne zu!

Potentielle Stolpersteine

Aufgrund ihres Talents zum spontanen und genialen Einfall vernachlässigen lebendige Redner oft die Vorbereitung. Sie verlassen sich darauf, dass ihnen im Ernstfall schon das Richtige einfallen wird. Und so schweifen sie ab und kommen vom »Hundertsten ins Tausendste«. Sie schwafeln und stolpern. Zwischen Spontanität und Chaos liegt eben nur ein schmaler Grat. Wird er überschritten, weicht die Begeisterung der Zuhörer einer gewissen Verwirrung. Ich selbst erlebe immer wieder lebendige Redner, die außerordentlich nett anzusehen sind. Es gibt Bewegung und Abwechslung und spaßige Geschichten sind in vielen Fällen auch dabei. Kommt es nach ihrem Auftritt allerdings zur berühmten Fragerunde, beginnt das großes Schweigen: Niemand aus dem Publikum stellt eine Frage. Fragt man hinter die Menschen aus dem Publikum, warum, bekommt man zu hören: »Es war unterhaltsam, aber ich habe nicht mehr mitbekommen, worum es eigentlich ging.«

Das absolute Muss für den lebendigen Redner ist eine Struktur, die ihm einerseits nicht den Raum für spontane Einfälle nimmt, die ihm andererseits aber als roter Faden dient, an den er sich Schritt für Schritt halten kann. Natürlich muss er die Disziplin aufbringen und sich an die Struktur halten, die er sich vorgenommen hat. Aufwändige und bis ins letzte Detail ausformulierte Power Points zwängen den »Lebendigen« in eine Form, in der er sich nicht mehr wohlfühlt und nicht mehr frei und authentisch agiert. Besser ist es, lediglich Leitsätze, Überschriften und einzelne Zahlen und Fakten an die Wand zu werfen, um den Rest frei gestalten zu können.

Viele lebendige Redner neigen dazu, ihre Redezeit gnadenlos zu überziehen. Die Fülle ihrer Einfälle und Geschichten macht ihren Vortrag länger und länger. Auch hier gilt: Planen Sie Ihren Redeauftritt vorher grob. Schaffen Sie sich Strukturen und halten Sie sich daran!

Achten Sie darauf, dass Sie auf der Bühne genügend Platz zur Verfügung haben und alles, was räumliche Distanz zwischen Sie und Ihre Zuhörer bringt, aus dem Weg schaffen. Verstecken Sie sich nicht hinter Rednerpulten und Tischen. Zeigen Sie sich ganz! So schaffen Sie sich Bewegungsfreiheit.

Die »Bewegungsverbot«-Falle

Immer wieder beobachte ich lebendige Redner, die sich ihre Gesten verbieten. Ihr Glaubenssatz lautet: »Ich darf meine Hände beim Reden nicht bewegen und muss ganz ruhig stehen.« Die Folge: Der Körper beginnt zu schwanken, der Kopf wackelt, die Ellbogen ebenso. Bewegung findet immer einen Weg, sichtbar zu werden. Lassen Sie Ihre natürlichen Bewegungen zu, so unterstreichen die Gesten Ihre Worte optimal und Sie wirken authentisch.

Die »Fuchtel«-Falle oder: viel ist manchmal zu viel

Der lebendige Redner spricht meistens mit Händen und Füßen und einer ausgeprägten Mimik. Dabei kann es passieren, dass er »außer sich« gerät.

Ein wirksames Mittel, um trotz aller Bewegung und Bewegtheit bei sich zu bleiben: Immer auf guten Bodenkontakt achten! Die »3-Punkte-Stand«-Übung ist eine hilfreiche Übung für alle »Lebendigen«!

Apropos »zu viel«: Der lebendige Redner weiß manchmal nicht, wann es besser wäre, zu schweigen. Er schießt übers Ziel hinaus und sagt Dinge, die er hinterher bereut. Bleiben Sie bei sich und lassen Sie sich nicht vorschnell zu unüberlegten Aussagen hinreißen!

Machen Sie Atempausen! Viele lebendige Redner haben zu viele Gedanken für zu wenig Wort. Dadurch beginnen sie den neuen Satz, bevor der alte zu Ende ist. Sie überholen sich selbst und verlieren dadurch den Faden. Ihre Sprache wird schneller und schneller, die Atmung immer flacher, die Stimme unnatürlich hoch.

Was gerade noch begeistert und engagiert gewirkt hat, wirkt plötzlich atemlos und gestresst. Der lebendige Redner gibt alles, was er hat – er »entleert« sich völlig und fühlt sich nach einem Redeauftritt ausgepumpt und kraftlos.

Lassen Sie jedoch in kurzen Redepausen immer wieder ganz bewusst die Atmung tief in den Bauch strömen, holen Sie sich zwischendurch immer wieder einen neuen »Energiekick« und bewahren Ihr Strahlen.

Der lebendige Redner als Präsentationspartner

Gleich vorweg: Der lebendige Redner ist als Präsentationspartner eine Herausforderung. Er ist spontan, er handelt aus dem Bauch heraus, er ist einfallsreich – und daher unberechenbar. Der lebendige Redner bricht aus der Struktur aus, wenn er einen spontanen Einfall hat. Er verlässt den geplanten Weg, um einen neuen einzuschlagen, der ihm plötzlich spannender erscheint. Das alles, ohne sich mit dem Partner abzustimmen.
Vor allem die Kombination von sachlichem Redner und lebendigem Redner birgt einigen Zündstoff. Schon in der Vorbereitungsphase liegen sich diese beiden in den Haaren. Der eine (sachlich) plant die Präsentation Schritt für Schritt. Der andere (lebendig) bereitet sich »grob« vor und lässt den Termin auf sich zukom-

men. Den »Sachlichen« treibt die Lässigkeit des »Lebendigen« zur Weißglut, der »Lebendige« fühlt sich eingeschränkt und seiner Freiheit beraubt.

Lösung: Teilen Sie die Präsentation ganz klar auf und besprechen Sie, wer welchen Teil vorträgt. Klären Sie, dass jeder für seinen Teil verantwortlich ist. Und das Wichtigste: Bleiben Sie gelassen. Auch dann, wenn der andere ganz anders an die Sache herangeht, als Sie es tun würden. Es führen immer mehrere Wege erfolgreich zum Ziel.

Der lebendige Redner als Gesprächspartner

Der lebendige Redner spricht eine bildhafte und mit Beispielen und Metaphern angereicherte Sprache. Genau diese Sprache versteht er auch am besten. Wollen Sie von einem lebendigen Redner gehört werden, reicht es nicht, ihm reine Fakten, Zahlen und Tatsachenberichte zu liefern. Es bringt nichts, den lebendigen Redner überzeugen zu wollen, Sie müssen ihn verbal verführen!

Der lebendige Redner erzählt gerne. Kommt er mit einem Anliegen auf Sie zu, speisen Sie ihn bitte nicht vorschnell mit der Lösung ab – auch wenn diese genial und genau richtig ist! Lassen Sie ihn erst mal die Lage schildern. Er wird es tun, wie er es immer tut: In vielen Farben und äußerst bewegungsreich. Danach ist er umso offener für das, was Sie zu sagen haben!

Empathisch

Empathische Redner sind der Gegenentwurf zur Gruppe der »Dominanten«. Sie gehen mit eher kleinen Schritten, auch ihre Gesten sind klein. Ihr Bewegungsbedürfnis ist gering, viele Menschen, die zur Gruppe der empathischen Redner gehören, bewegen sich während eines Redeauftritts kaum oder gar nicht. Es fällt ihnen schwer, sich den Raum zu nehmen, der ihnen zusteht. Empathische Redner verfügen über eine lebendige und ausgeprägte Mimik. Ihre Emotionen und Gedanken sind ihnen oftmals förmlich »ins Gesicht geschrieben«. Sie sprechen mit einer eher leisen Stimme.

Die Sprechweise der empathischen Redner ist melodisch, oft erwähnen sie, *wie* etwas ist. Empathische Redner lieben es, auch das nicht Vordergründige, das nicht Sichtbare zu beleuchten und zu erläutern. Es ist ihnen wichtig, einen persönlichen Zugang zu ihrem Thema und eine Botschaft zu haben. Ihre große Stärke ist ihr Kontakt zum Publikum. Sie schaffen es unglaublich gut, sich auf ihr Gegenüber einzulassen. Der größte Stolperstein der empathischen Redner ist ihre Nervosität. Sie machen sich viele Gedanken über ihren Auftritt, ihre Wirkung und über das Publikum und stellen oft sehr hohe Anforderungen an sich selbst.

Empathische Redner brauchen Nähe zu ihren Zuhörern, sie sollten daher vor einem Redeauftritt alles aus dem Weg räumen, das diese Nähe verhindert (Rednerpulte, Tische, ein Übermaß an technischen Hilfsmitteln).

Selbstanalyse:
Gehören Sie zur Gruppe der empathischen Redner?

1. *Füße:*
   - O Beim Betreten eines Raumes: Machen Sie kleine Schritte?

- O Stehen Ihre Füße bei öffentlichen Redeauftritten manchmal ganz eng beieinander?
- O Bewegen sich Ihre Füße beim Reden eher weniger bis gar nicht?

2. *Hände:*
   - O Passieren Ihre Gesten zufällig?
   - O Machen Sie kleine bis gar keine Gesten?

3. *Bewegung, Raum, Präsenz:*
   - O Bewegen Sie sich beim Sprechen nur ganz selten?
   - O Machen Sie die Tür nur ein kleines Stück weit auf, wenn Sie durch sie hindurchgehen und »schlüpfen« Sie in den Raum?
   - O Fällt es Ihnen schwer, sich den Platz zu nehmen, der Ihnen zusteht?
   - O Machen Sie sich manchmal kleiner als Sie sind?
   - O Beim Betreten eines mit Menschen gefüllten Raumes: Fällt es Ihnen schwer, die Blicke der Anwesenden auf sich zu ziehen?
   - O Haben Sie oft das Gefühl, übersehen zu werden?
   - O Fällt es Ihnen nicht immer leicht, sich Gehör zu verschaffen?

4. *Stimme:*
   - O Sprechen Sie mit einer eher leisen Stimme?
   - O Sprechen Sie auch dann mit leiser Stimme, wenn der Raum groß ist und viele Menschen anwesend sind?
   - O Wurden Sie schon einmal aufgefordert »bitte lauter« zu sprechen?

5. *Sprechweise:*
   - O Ist Ihre Sprechweise melodisch?
   - O Neigen Sie zu einer »singenden« Sprechweise?

- O Verwenden Sie beim Sprechen häufig steigende Kadenzen (= die Stimme wird am Ende eines Satzes oder am Ende eines Gedankenbogens nicht abgesenkt, Sie betonen auch Aussagen wie Fragen)?
- O Verwenden Sie häufig Füllwörter, die die Sprache weicher machen (irgendwie, eigentlich)?
- O Sprechen Sie häufig im Konjunktiv (»Ich würde meinen, dass…«)?

6. *Werte:*
   - O Lieben Sie das Gefühl, wenn Sie merken, dass Sie Ihren Zuhörern ganz nah und mit ihnen im Gleichklang sind?
   - O Ist es Ihnen wichtig, die Zuhörer zu berühren?
   - O Benötigen Sie, um etwas glaubwürdig erzählen zu können, einen persönlichen Zugang zum Thema?
   - O Ist es Ihnen wichtig, den Zuhörer zu vermitteln, *wie* etwas ist oder war und nicht nur *was* ist oder war?

7. *Publikum, Setting:*
   - O Sprechen Sie lieber vor kleinem Publikum?
   - O Ist es Ihnen wichtig, dass Sie allen Menschen im Publikum in die Augen sehen können?
   - O Stehen Sie nur ungern auf einer großen Bühne?
   - O Fühlen Sie sich im Sesselkreis oder im Vieraugengespräch wohler als allein auf einer großen Bühne?
   - O Gehen Sie gerne auf die Fragen Ihrer Zuhörer ein?
   - O Sprechen Sie lieber vor einem Publikum, das Sie mögen?
   - O Ist es Ihnen wichtig, dass Ihr Publikum Sie sympathisch findet?
   - O Ist es Ihnen wichtig, was die Menschen im Publikum über Sie denken?
   - O Könnten Sie sich nur schwer vorstellen, vor Menschen zu sprechen, die Sie oder das, was Sie sagen, ablehnen?

- O Verunsichert es Sie, wenn die Menschen im Publikum nicht die Reaktion zeigen, die Sie sich erwartet haben?
- O Ist es Ihnen wichtig, die Menschen emotional zu berühren?
- O Fällt es Ihnen leicht, die Menschen im Publikum emotional zu berühren?
- O Ist es Ihnen wichtig, zwischen sich und den Zuhörern Gemeinsamkeiten, oder etwas, das Sie verbindet, zu finden?

8. *Nähe/Distanz:*
   - O Brauchen Sie räumliche Nähe zum Publikum?
   - O Fühlen Sie sich hinter einem Rednerpult eher unwohl?

9. *Zuverlässigkeit:*
   - O Gehen Ihre Redeauftritte manchmal gründlich daneben?
   - O Kommt es auf Ihre persönliche Verfassung an, ob Redeauftritte gelingen oder nicht?
   - O Hängt es Ihrem Empfinden nach vom Publikum ab, ob Ihre Redeauftritte gelingen oder nicht?
   - O Sind Sie manchmal so nervös, dass Sie kaum wahrnehmen, was rund um Sie herum passiert?
   - O Ist ein gelungener Redeauftritt für Sie eher ein Glücksfall?

10. *Innere Haltung:*
    - O Würden Sie sich als eher introvertiert bezeichnen?
    - O Sprechen Sie nur ungern vor Menschen?
    - O Sprechen Sie nur gern vor Menschen, wenn Sie »etwas zu sagen« haben?
    - O Ist Lampenfieber etwas, das Sie gut kennen?
    - O Ist Ihnen Ihre innere Haltung bei Redeauftritten generell sehr wichtig?
    - O Machen Sie sich vor einem Auftritt Gedanken über Ihre innere Haltung?

11. Spontanität:

- O Können Sie nur dann spontan sein, wenn Sie sich wohlfühlen und Ihnen das Thema, über das Sie sprechen, wirklich am Herzen liegt?

12. Redeauftritte mit einem Partner:

- O Überlassen Sie Ihrem Partner gerne das Ruder?
- O Ist es für Sie vollkommen in Ordnung, sich Ihrem Redepartner anzupassen oder sich zeitweilig sogar unterzuordnen?
- O Achten Sie penibel darauf, dem anderen nicht ins Wort zu fallen?
- O Ist es für Sie in Ordnung, wenn Ihr Präsentationspartner mehr Redezeit hat als Sie?
- O Ist es für Sie in Ordnung, auch mal im Hintergrund zu stehen und anderen den großen Auftritt zu überlassen?
- O Genießen Sie Präsentationen zu zweit, weil Sie dann nicht alleine für alles verantwortlich sein müssen?
- O Ist es schon einmal vorgekommen, dass Sie von Ihrem Redepartner übergangen worden sind?
- O Fällt man Ihnen häufig ins Wort?
- O Lässt man Sie oft nicht richtig zu Wort kommen?
- O Hatten Sie schon einmal das Gefühl, von Ihrem Präsentationspartner überstrahlt worden zu sein?

13. Technische Hilfsmittel/Medien, Veranschaulichungsmaterialien:

- O Sie würden gerne frei sprechen, Ihre Nervosität hindert Sie aber oft daran?
- O Große Inszenierungen (spektakuläre Licht- und Toneffekte) sind Ihnen ein wenig unheimlich?
- O Verwenden Sie als Unterstützung gerne Düfte, Steine, Sand, Bilder und Musik?

- O Empfinden Sie aufwändige Power Point Präsentationen als eher einengend?

14. Vorbereitung:

- O Bereiten Sie sich meistens sehr gründlich auf einen Redeauftritt vor?
- O Legen Sie vorher lieber alles bis ins kleinste Detail fest?
- O Machen Sie sich bei der Vorbereitung große Gedanken darüber, was das Publikum wohl interessiert und wie Ihr Vortrag ankommen wird?

Haben Sie über 50% der Fragen mit »ja« beantwortet, ist es sehr wahrscheinlich, dass Sie zur Gruppe der »empathischen« Redner gehören.

Ressourcen der empathischen Redner

Der empathische Redner schafft es wie keine anderer, seine Zuhörer zu berühren. Er geht auf seine Zuhörer ein und vermittelt ihnen das Gefühl, in diesem Moment nur für sie da zu sein. Hat er seine Nervosität im Griff, verströmt der empathische Redner eine angenehme Ruhe. Seine Redeauftritte wirken nahbar, fein und besonnen.

Potentielle Stolpersteine

Viele Menschen, die der Gruppe der »Empathischen« angehören, sind vor ihren Auftritten sehr nervös. Sie werden immer leiser und neigen dazu, sich zu verstecken. Hinter Bühnenpartnern, Redepulten oder hinter ihrem Thema. Sie agieren unter dem Motto »Augen zu und durch«.

Ist der empathische Redner nervös, beschäftigt er sich oft ausschließlich mit sich selbst und seinen Emotionen. Er wendet den Blick nach innen und verliert so den Kontakt zur Außenwelt.

Das ist schade, denn gerade der empathische Redner hat das Talent, gut auf sein Gegenüber einzugehen. Verschließt er seine Wahrnehmung, verspielt er diese Gabe.

Die »Ich-will-geliebt-werden-Falle«

Der empathische Redner macht sich oft viel zu viele Gedanken. Er überlegt, wie er bei seinen Zuhörer ankommt, welche Gedanken sie sich über ihn machen, ob er auch ja gefällt. Er will es allen Recht machen, was natürlich nie gelingt.

Falls Sie der Gruppe der empathischen Redner angehören: Verabschieden Sie sich von dem Wunsch, von allen gemocht zu werden. Die Wahrheit ist: Es wird niemals passieren. Bereiten Sie sich in Ruhe auf Ihren Auftritt vor. Machen Sie Ihre Publikumsanalyse. Werden Sie sich über Ihr Redeziel klar. Und dann legen Sie los und gehen Sie Ihren eigenen Weg.

Machen Sie sich nicht kleiner, als Sie sind! Öffnen Sie sich die Tür ganz, wenn Sie einen Raum betreten. Fokussieren Sie Ihr räumliches Ziel und gehen Sie entschlossen darauf zu.

Stellen Sie sich hüftknochenbreit hin, öffnen Sie Ihren Brustkorb, bringen Sie Abstand zwischen Brustkorb und Oberarme und sprechen Sie mit geradem Kopf.

Aktivieren Sie vor Ihrem Redeauftritt Kiefer und Lippen, öffnen Sie den Mund und lassen Sie Ihr gesamtes Stimmvolumen erklingen. Tipp: Sehen Sie Ihr Publikum aktiv an. Auch die Menschen in den hinteren Reihen. Da die Stimme immer dem Körper und somit auch dem Blick folgt, sprechen Sie so automatisch in angemessener Lautstärke.

Vorsicht vor der Distanzfalle!

Aus Unsicherheit und Nervosität begibt sich der empathische Redner oft an einen Platz, der möglichst weit vom Publikum entfernt ist. Dieser Platz ist leider der absolut falsche, den er einnehmen kann. Der empathische Redner braucht räumliche Nähe zum Publikum. Entfernen Sie alles, was diese räumliche Nähe verhindert! Das Stehen hinter Rednerpulten sollte der empathische Redner vermeiden.

Der empathische Redner als Präsentationspartner

Empathische Redner haben nicht nur ein gutes Gefühl für Ihr Gegenüber, sondern auch für den Menschen, der neben ihnen steht. Sie agieren rücksichtsvoll und respektvoll. Niemals würden Sie Ihrem Redepartner rüde das Wort abschneiden, eher warten Sie ab, bis man Ihnen das Wort erteilt. Die Schattenseite: Sie lassen sich förmlich überrollen. Oft geben sie zu schnell nach und kämpfen nicht darum, gehört zu werden. Viele resignieren nach dem Motto: »Ich bin es eben nicht wert, gehört zu werden.«

Auch oder gerade wenn Sie neben einem dominanten Redner stehen: Zeigen Sie sich in Ihrer vollen Größe!

Gut funktioniert der »Empathische« in Kombination mit dem »Sachlichen«. Der »Sachliche« erklärt Sachverhalte, der »Empathische« erläutert, was dahintersteckt.

Der empathische Redner als Gesprächspartner

Wenn Sie mit dem empathischen Redner in Kontakt treten wollen, dürfen Sie ihn – ähnlich wie beim »Lebendigen« – nicht mit Fakten und nackten Tatsachen überfahren. Lassen Sie sich auf ihn ein und hören Sie ihm aktiv zu.
Der empathische Redner ist der Meister der subtilen Ausdrucksweise. Anstatt klar zu sagen, was »nicht gepasst hat« gibt er eine Empfehlung, »wie man die Sache

auch anders gestalten könnte«. Spricht jemand mit einer sehr lauten Stimme und einer linearen, faktendominierenden und rationalen Sprache, verschließt er sich.

Sachlich

Sachliche Redner sind die »Puristen« unter den Redetypen. Sie lieben Klarheit, Struktur und Ordnung. Geschichten und bildhafte Beispiele sind für sie oftmals überflüssiges Geplapper. Ihnen geht es um die Sache und die Übermittlung von Informationen. Da es dem »Sachlichen« nicht darum geht, sein Publikum zu unterhalten, ist ihm Inszenierung (Bühnenbild, Licht, das eigene Outfit und Styling) egal – wichtig ist ihm nicht die Verpackung, sondern der Inhalt. Alles, was von der Übermittlung von Fakten ablenkt, empfindet er schlichtweg als überflüssig, aus diesem Grund fallen seine Redeauftritte in der Regel eher zu kurz aus als zu lang. Gesagt wird, was gesagt werden muss und Schluss. Sachliche Redner bereiten sich meistens gründlich und strukturiert auf Präsentationen und andere Redeauftritte vor, spontan präsentieren zu müssen, ist für sie hingegen oftmals eine Qual. Die große Stärke des sachlichen Redetyps ist die klare Darstellung von Fakten und Sachverhalten. Schaffen es sachliche Redner dazu auch noch, Beispiele für ihre Statistiken, Zahlen, Kurven und Sachverhalte zu finden, gelingt es ihnen spielend, das Publikum in ihren Bann zu ziehen.

Verbale Sprache sowie Körpersprache der sachlichen Redner ist linear, ihre Gesten sind gezielt und eher reduziert. Was die Raumgestaltung betrifft, so bevorzugen sie Distanz zu den Zuhörern. Sie sind hinter Rednerpulten gut aufgehoben. Nähe erzeugen sie durch ihr Anliegen, den Menschen im Publikum ihre Inhalte näherzubringen.

Selbstanalyse:
Gehören Sie zur Gruppe der sachlichen Redner?

1. *Füße:*
   - O Stehen Ihre Füße bei Redeauftritten meist ruhig da?

2. *Hände:*
   - O Setzen Sie Ihre Gesten gezielt ein?
   - O Sind Ihre Gesten eher klein?

3. *Bewegung, Raum, Präsenz:*
   - O Setzen Sie Bewegungen und Ortswechsel auf der Bühne gezielt ein?
   - O Nehmen Sie manchmal nicht den ganzen Raum ein, der Ihnen zustehen würde?
   - O Halten Sie es gar nicht für wichtig, ob Sie den ganzen Raum, der Ihnen zustehen würde, für sich einnehmen oder nicht?
   - O Fällt es Ihnen beim Betreten eines mit Menschen gefüllten Raumes manchmal schwer, die Blicke der Anwesenden auf sich zu ziehen?
   - O Fällt es Ihnen manchmal schwer, sich Gehör zu verschaffen?
   - O Haben Sie manchmal das Gefühl, übersehen zu werden?

4. *Stimme:*
   - O Sprechen Sie mit einer eher leiseren Stimme?
   - O Sprechen Sie auch dann oft mit einer leisen Stimme, wenn Sie in einem großen Raum vor großem Publikum sprechen?
   - O Wurden Sie schon einmal von Ihren Zuhörern aufgefordert »bitte lauter« zu sprechen?

5. *Sprechweise:*

- O Ist Ihre Sprechweise linear?
- O Fällt es Ihnen leicht, einen Gedanken nach dem anderen zu verbalisieren?
- O Neigen Sie zu einer monotonen Sprechweise?
- O Verwenden Sie gerne Fachausdrücke?
- O Machen Sie beim Reden oft Gedankensprünge, denen Ihr Publikum nur schwer folgen kann?
- O Sind Sie häufig zu schnell mit Ihrer Präsentation fertig?
- O Sprechen Sie gerne und gut in Zahlen, Daten, Fakten?
- O Empfinden Sie Geschichten und Beispiele als überflüssig?
- O Kommen Sie gerne schnell zum Punkt?
- O Haben Sie schon einmal positives Feedback für Ihr Talent, eine Präsentation klar und strukturiert zu gestalten, bekommen?
- O Haben Sie schon einmal eine Witz oder eine lustig gemeinte Geschichte erzählt – und keiner hat gelacht?
- O Sprechen Sie niemals schneller als Sie denken?
- O Passiert es Ihnen eher selten bis nie, dass Sie vorschnell Dinge sagen, die Sie hinterher bereuen?

6. *Werte:*

- O Ist es Ihnen hauptsächlich wichtig, den Zuhörern Inhalte zu vermitteln?
- O Lieben Sie das Gefühl, wenn Sie merken, dass die Zuhörer, das, was Sie gesagt haben, verstanden haben und nachvollziehen können?
- O Sind Ihnen Beifall und Standing Ovations nicht so wichtig?

7. *Publikum, Setting:*

- O Sprechen Sie am liebsten vor Fachpublikum?
- O Konzentrieren Sie sich beim Vortragen mehr auf Ihren Inhalt als auf das Publikum und auf die Reaktionen des Publikums?
- O Machen Sie sich keine oder nur wenige Gedanken darüber, ob Ihr Publikum Sie mag oder nicht?
- O Gehen Sie gerne auf Zuhörerfragen ein?
- O Stört es Sie, wenn Sie vor Menschen sprechen, die hauptsächlich wegen des anschließenden Buffets gekommen sind?
- O Empfinden Sie es als vollkommen nebensächlich, ob die Menschen im Publikum Sie mögen oder nicht – Hauptsache, sie konzentrieren sich auf das, was Sie sagen?
- O Fällt es Ihnen schwer, Menschen mitzureißen?
- O Ist es Ihnen egal, ob Sie Ihre Zuhörer mitreißen: Hauptsache, Sie konnten das erzählen, was sie sich vorgenommen haben?

8. *Nähe/Distanz:*

- O Halten Sie gerne Distanz zum Publikum?
- O Fühlen Sie sich hinter dem Rednerpult am wohlsten?

9. *Zuverlässigkeit:*

- O Empfinden Sie sich als zuverlässigen Vortragenden?
- O Gelingen Ihnen Ihre Redeauftritte meistens so, wie Sie es sich vorgenommen haben?

10. *Innere Haltung:*

- O Würden Sie sich als eher introvertiert bezeichnen?
- O Sprechen Sie eher ungern vor Menschen?

- O Sprechen Sie am liebsten dann vor Menschen, wenn Sie »etwas zu sagen« haben?
- O Sprechen Sie am liebsten dann vor Menschen, wenn die Vermittlung von speziellen Inhalten im Vordergrund steht?
- O Fühlen Sie sich unwohl, wenn Sie vor Menschen sprechen müssen, nur um eine positive Stimmung zu erzeugen und zu unterhalten?
- O Können Sie sich nicht vorstellen, dass es Menschen gibt, die Sie als »Schwätzer« bezeichnen?
- O Sind Sie vor Präsentationen häufig nervös?

11. Spontanität:

- O Spontanität liegt Ihnen nicht – viel lieber gehen Sie gut vorbereitet zu einer Präsentation?
- O Macht es Sie nervös, wenn während Ihres Redeauftritts etwas nicht Geplantes passiert?

12. Redeauftritte mit einem Partner:

- O Warten Sie in dieser Situation eher ab, dass Ihnen der andere das Wort übergibt?
- O Ist es für Sie in Ordnung, auch einmal die Person im Hintergrund zu sein?
- O Macht es Sie nervös, wenn Ihr Partner während Ihrer gemeinsamen Präsentation etwas sagt oder tut, das vorher nicht geplant und nicht mit Ihnen abgesprochen war?
- O Empfinden Sie es als Erleichterung, wenn Sie mit einem Partner präsentieren, der die reinen »Unterhaltungselemente« Ihrer Präsentation übernimmt und Sie sich auf den »Kern« konzentrieren können?
- O Sind Sie mit Ihren Vorbereitungen meistens vor Ihrem Partner fertig?

- Macht es Sie nervös, wenn Ihr Präsentationspartner zwei Tage vor dem großen Auftritt immer noch nicht genau weiß, wie er seinen Part anlegen wird?
- Machen Sie Menschen nervös, die alles in letzter Minute erledigen?

13. Technische Hilfsmittel/Medien, Veranschaulichungsmaterialien:

- Sprechen Sie lieber mit Hilfsmitteln statt frei?
- Vermeiden Sie es, frei zu sprechen?
- Mögen Sie Power Point Präsentationen?
- Empfinden Sie Veranschaulichungsmaterialien, die rein auf die emotionale Ebene eines Vortrags abzielen, als Firlefanz?

14. Vorbereitung:

- Bereiten Sie sich auf einen Redeauftritt immer diszipliniert, gezielt und Schritt für Schritt vor?
- Ganz spontan, ohne Vorbereitung und ohne das Sammeln von Fakten treten Sie nur ungern vor ein Publikum?

15. Inszenierung:

- Empfinden Sie aufwendige Inszenierungen (Lichteffekte…) als überflüssig?
- Sie finden, dass es auf Ihr Outfit und Styling bei Ihrem Redeauftritt am allerwenigsten ankommt?

Haben Sie über 50% der Fragen mit »ja« beantwortet, ist es sehr wahrscheinlich, dass Sie zur Gruppe der sachlichen Redner gehören.

Ressourcen der sachlichen Redner

Sachliche Redner bringen ihre Aussagen unmissverständlich auf den Punkt. Sie sind klar in ihren Formulierungen und hervorragend strukturiert. Sie sprechen erst dann, wenn sie mit dem Denken fertig sind. Ihre Vorträge sind detailliert und informativ, ihre Sprache frei von allem Überflüssigen, was das Zuhören unheimlich erleichtert.

Der sachliche Redner schafft es, sein Ego hinter sein Thema zu stellen. Dadurch wirkt das Thema umso interessanter – und er herrlich uneitel.

Potentielle Stolpersteine

Sachliche Redner neigen dazu, dem Inhalt ihrer Rede weitaus mehr Beachtung zu schenken als dem Publikum. Sie erzählen, was sie für wichtig halten, egal, ob das Publikum dafür die richtige Zielgruppe ist oder nicht.

Weniger ist oft mehr! Sind sachliche Redner erst einmal so richtig in Fahrt, strotzen ihre Präsentationen nur so von Zahlen, Fakten, Kurven und Tatsachenberichten. Damit überfordern Sie Ihr Publikum. Überlegen Sie, mit welchen Beispielen Sie Ihren Zuhörern den Inhalt einfacher und plakativer darstellen können!

Vorsicht, Monotoniefalle!

Es ist in Ordnung, dass Sie große Inszenierungen ablehnen und sich lieber auf Ihr Thema konzentrieren. Passen Sie aber auf, dass Sie Ihr Publikum nicht langweilen. Jede noch so seriöse Information schmeckt besser, wenn sie mit einem Schuss Unterhaltungswert serviert wird.

Die Sprechweise der sachlichen Redner ist linear und schnörkellos. Fehlt jedoch das richtige Maß an Körperspannung und aktiver Wahrnehmung, rutschen sie schnell in die Monotonie ab: Es gibt keinerlei Abwechslungen bezüglich Sprechtempo, Lautstärke, Modulation und Ausdruck.

Manche sachlichen Redner wollen der Monotoniefalle entkommen, indem sie versuchen, »lustig« zu sein. Keine gute Idee. Witze sind oft der kürzeste Weg vom Gähn- zum Fremdschämfaktor.

Besser: Lockern Sie Ihren Kiefern, aktivieren Sie Ihre Lippen und die Zunge, machen Sie bewusste Punkte und Pausen – so bekommt die Sprache mehr »Biss«. Und: Seien Sie neugierig auf Ihr Publikum! Durch die Hinwendung zu den Menschen, die vor Ihnen sitzen, wird Ihrer Sprache automatisch Lebendigkeit eingehaucht.

Keine Angst vor Unvorhergesehenem! Ihre Strukturiertheit und Klarheit in Ehren. Aber ungewöhnliche Vorkommnisse erfordern eine spontane Reaktion. Es ist gut, einem klaren Konzept zu folgen. Manchmal ist es aber besser, das Konzept zu verlassen und etwas Ungeplantes zu tun. Reagieren Sie auf Reaktionen aus dem Publikum und sprechen Sie Störfaktoren an. Lassen Sie sich auf die gegenwärtige Situation ein: Manchmal kommt es anders, als man denkt. Und das ist gut.

Der sachliche Redner als Präsentationspartner

Der sachliche Redner ist bei gemeinsamen Auftritten ein äußerst umgänglicher Partner. Es sei denn, man hält sich nicht an vorher getroffene Abmachungen und überfordert ihn mit einem Zuviel an Spontanität. Er selbst geht mit großer Sorgfalt und wohlgeordnet an eine Präsentation heran und erwartet selbiges von seinem Partner.

Zu Konflikten kommt es häufig mit den lebendigen Rednern. Ihr Talent zur Spontanität wirkt für ihn unvorbereitet, ihre bildhafte Sprache empfindet er als Firlefanz.

Der sachliche Redner als Gesprächspartner

Bei seinem Gegenüber fürchtet der sachliche Redner nichts mehr als den »Emotionalitätsdschungel«. Er hat wenig Lust darauf, zwischen den Zeilen zu lesen, was in seinem Gesprächspartner vorgeht, er möchte es klar und deutlich hören. Ausdrücke wie »irgendwie fühle ich mich…«, »eigentlich könnte ich mir schon vorstellen, dass…«, »irgendwann möchte ich schon, dass…« machen ihn hilflos.

Um beim sachlichen Redner Gehör zu finden, müssen Sie sagen, was Sache ist. Formulieren Sie Ihr Anliegen in einer möglichst klaren Sprache. Sprechen Sie in kurzen Sätzen und vermeiden Sie emotional gefärbtes Vokabular. Überlegen Sie sich vorher Ihr Redeziel ganz genau.

Zusatzqualität: Entertainer

Entertainer können als zusätzliches Merkmal bei allen Redetypen auftreten. Redner, die das Talent zum Entertainer haben, schaffen es sehr gut, ihr Publikum zu unterhalten und zum Lachen zu bringen. Sie dürfen Grenzen überschreiten und Dinge sagen oder tun, die bei Menschen ohne »Entertainer-Gen« einfach nur peinlich und zum Fremdschämen wären. Sie denken, ein sachliches Rednerdasein und Entertainer-Qualitäten schließen einander aus? Fehlanzeige. Gerade diese Menschen verfügen oftmals über einen trockenen und subtilen Witz, der den Zuhörern Tränen vor Lachen in die Augen treibt.

Aber Achtung: Sollten Sie über keine Entertainer-Qualitäten verfügen, versuchen Sie niemals, angestrengt lustig zu sein. Es wird Ihnen trotzdem gelingen, Redeauftritte spannend und einprägsam zu gestalten!

Teil 4

Ziele

Sie wollen sich in den Bereichen Stimme, Sprechen, Rhetorik, Präsentation, Auftreten und Wirkung verbessern?

Ihre Ziele können Sie nur erreichen, wenn Sie sie klar und deutlich vor Augen haben. Dazu gehört, dass Sie genau definieren, wohin die Reise gehen soll. Formulieren Sie Ihr Ziel nach der sogenannten SMART-Regel.

SMART steht für

› *Specific und small* (= konkret und klein): »Ich will ein guter Redner werden« ist ein großes Ziel, das wenig konkret ist. Was genau wollen Sie verbessern? Ihre Aussprache? Ihren Stimmklang? Ihre Körperhaltung? Ihre rhetorischen Fähigkeiten?

› *Measurable* (= messbar): Woran werden Sie erkennen, dass Sie Ihr Ziel erreicht haben? Daran, dass Sie sich bei Redeauftritten sicherer fühlen? Daran, dass Sie nicht mehr heiser werden? Daran, dass Sie nicht mehr so nervös sind? Daran, dass Ihnen Präsentationen Spaß machen und Sie positives und begeistertes Feedback von den Zuhörern erhalten?

› *Attractive und Achievable* (= positiv formuliert und im eigenen Einflussbereich): Unser Gehirn ist nicht in der Lage, negative Formulierungen zu »übersetzen«. Sagen wir beispielsweise »ich will keine Angst mehr haben«, versteht es »Angst«. »Ich möchte nicht mehr heiser werden nach langem Sprechen« ist kein positiv formuliertes Ziel. Besser: »Ich möchte die Tragfähigkeit meiner Stimme verbessern und an meinem Stimmklang arbeiten.« Der Wunsch nach einem aufmerksameren Publikum ist kein Ziel, das im eigenen Einflussbereich liegt. Auch nicht das Ziel, eine tiefere oder höhere Stimme zu bekommen. Sehr wohl aber können Sie Verspannungen lösen und Ihre natürliche Stimme befreien, sodass auch die höheren und/oder die tieferen Bereiche Ihrer Stimme hörbar werden.

› ***Realistic*** (= realisierbar): Ein wichtiger Punkt! Verfolgt man Ziele, die von vornherein nicht erreicht werden können, verschwendet man unnötig Zeit, Energie und eventuell auch Geld. Es ist auch in Ordnung, sich von einem Ziel wieder zu verabschieden oder ein neues Ziel zu finden!

› ***Timed*** (= zeitlich definiert): Bis wann wollen Sie Ihr Ziel erreichen? Setzen Sie sich am besten kurzfristige und langfristige Ziele. Ein kurzfristiges Ziel ist ein Ziel, das Sie innerhalb des nächsten Monats erreichen wollen. Für das Erreichen Ihrer langfristigen Ziele sollten Sie sich ungefähr ein Jahr Zeit geben.

Der erste Schritt

Die Grundvoraussetzung für das Erreichen eines Zieles? Dass man beginnt, loszugehen!

Gehen Sie den ersten Schritt, indem Sie Ihre Ziele definieren. Wenn Sie regelmäßig üben und Ihre Übungen in den Alltag einbauen, werden Sie die ersten Veränderungen bald bemerken.

Ich wünsche Ihnen viel Freude beim Reden, Bewegen und Wirken!

Formulieren Sie drei kurzfristige Ziele und drei langfristige Ziele.

Ziel 1(kurzfristig):

Ziel: ____

Erreichbar bis ____

Diese Stärken und Ressourcen unterstützen mich beim Erreichen meines Zieles:

____

____

Das muss ich tun, um mein Ziel zu erreichen:

____

____

Stimm- und Redeübungen, die mich zum Ziel bringen:

____

____

Der erste Schritt:____

Ziel 2 (kurzfristig):

Ziel: ______________________________

Erreichbar bis ______________________________

Diese Stärken und Ressourcen unterstützen mich beim Erreichen meines Zieles:

____

____

Das muss ich tun, um mein Ziel zu erreichen:

____

____

Stimm- und Redeübungen, die mich zum Ziel bringen:

____

____

Der erste Schritt: ______________________________

Ziel 3 (kurzfristig):

Ziel: ______________________________

Erreichbar bis ______________________________

Diese Stärken und Ressourcen unterstützen mich beim Erreichen meines Zieles:

____

____

Das muss ich tun, um mein Ziel zu erreichen:

____

____

Stimm- und Redeübungen, die mich zum Ziel bringen:

____

____

Der erste Schritt: ______________________________

Ziel 4 (langfristig):

Ziel: ____

Erreichbar bis ____

Diese Stärken und Ressourcen unterstützen mich beim Erreichen meines Zieles:

____

____

Das muss ich tun, um mein Ziel zu erreichen:

____

____

Stimm- und Redeübungen, die mich zum Ziel bringen:

____

____

Der erste Schritt: ____

Ziel 5 (langfristig):

Ziel: ____

Erreichbar bis ____

Diese Stärken und Ressourcen unterstützen mich beim Erreichen meines Zieles:

____

____

Das muss ich tun, um mein Ziel zu erreichen:

____

____

Stimm- und Redeübungen, die mich zum Ziel bringen:

____

____

Der erste Schritt: ____

Ziel 6 (langfristig):

Ziel: ______________________________

Erreichbar bis ______________________________

Diese Stärken und Ressourcen unterstützen mich beim Erreichen meines Zieles:

____

____

Das muss ich tun, um mein Ziel zu erreichen:

____

____

Stimm- und Redeübungen, die mich zum Ziel bringen:

____

____

Der erste Schritt: ______________________________

Literatur

Balser-Eberle, Vera: Sprechtechnisches Übungsbuch; ÖBV Pädagogischer Verlag, Wien

Bergauer, Ute G.: Praxis der Stimmtherapie; Springer Medizin Verlag, Heidelberg

Hammer, Sabine S.: Stimmtherapie mit Erwachsenen; Springer Medizin Verlag, Heidelberg

Middendorf, Ilse: Der erfahrbare Atem. Eine Atemlehre; Junfermann Verlag, Paderborn

Röcker, Anna Elisabeth: Beckenboden – Das ganzheitliche Übungsprogramm; Heinrich Hugendubel Verlag, Kreuzlingen/München

Scheufele-Osenberg, Margot: Atemschulung für seelisches und körperliches Gleichgewicht; ECON Taschenbuchverlag, Düsseldorf/Wien

Schindelmeister, Jochen: Anatomie und Physiologie für Sprachtherapeuten; Elsevier GmbH, Urban & Fischer Verlag, München

Zeller, Daniela: So werden Sie gehört – Richtig reden, professionell präsentieren, authentisch auftreten; Verlag Carl Ueberreuter, Wien